KB272049

편안하게
마음을 여는

말의 시작

편안하게 마음을 여는 **말**의 시작

대화의 90%는 첫마디로 결정된다

아가와 사와코 지음 │ 박재영 옮김

밀리언서재
Million Publisher

어떤 말로 시작해야 할까?

수다를 잘 떠는 사람은 많아도

여러 사람들 앞에서 능숙하게 말을 잘하는 사람은 드물다.

상대의 말을 듣는 법에 대한 책(《마음을 여는 듣기의 힘》)에 이어서 이번에는 말하는 법에 대한 이야기를 하려고 한다. 이 책을 쓴 데는 사소하지만 깊은 이유가 있다.

듣기의 힘에 관한 책을 출간한 뒤 독자들이 다양한 소감을 보내주었다. 그중에는 '책을 읽길 잘했다. 업무상 미팅 등에서 어떤 식으로 말을 꺼내야 할지 몰랐는데 그럴 때 도움이 되었다'라는 반응이 의외로 많았다. 남의 말을 어떻게 이끌어낼지 고민하는 사람뿐 아니라 자신이 이야기를 어떻게 시작해야 할지 고심하는 사람도 많구나 하는 것을 깨달았다. 그래서 이번에는 '말하기'를 주제로 정리해보기로 했다.

단지 '말한다'는 것과 '잡담한다'는 것은 조금 다를 수 있다.

'말한다'는 것은 상대방의 기분이나 그 자리의 분위기, 이야기의 흐름과 요점 등을 확실히 판단하고 객관성과 순서를 고려하며 차분하게 말을 거는 인상을 준다. 그에 비해 '잡담한다'는 것은 그 자리에서 생각이 떠오르는 대로 두서없이, 감정에 휩쓸려서 입으로 막 쏟아내는 듯한 느낌이다.

'말한다'는 것은 비교적 격식을 차려야 하는 장소, 이를테면 비즈니스 현장 등에서 진지한 내용을 침착하게 전달해야 하는 상황, 또는 실수하지 않고 제대로 대응해야 할 상대방에게 이야기하는 행위다. 한편 '잡담한다'는 것은 부담 없는 자리나 신경 쓰지 않아도 되는 상대방과 꼭 필요하지 않고 목적도 없는 이런 저런 이야기를 나누는 것이다.

그렇다면 이 책은 격식을 차려야 하는 장소나 침착하게 전달해야 하는 상황에서 '말하는 힘'에 관한 것일까? 꼭 그런 것은 아니다. 그리고 솔직히 그런 방향으로만 책을 쓸 수는 없다.

그 이유는 사실 나도 '말한다'는 것과 '잡담한다'는 것을 크게 구별하며 살아오지도 않았고 평소에 그다지 의식하지도 않았기 때문이다.

물론 진지해야 할 때는 당연히 진지하게 말한다. 아무한테나 마치 친구끼리 대화할 때처럼 '그래서 말이야'라고 말할 수 있을 정도로 뻔뻔한 성격은 아니다. 하지만 회의와 같은 딱딱한 자리나 심각한 이야기를 해야 하는 상황이라도 처음 만난 사람에

게 최대한 빨리 마음을 터놓고 싶어서 잡담에 가까운 말을 많이
했다.

아무래도 '잡담한다'는 것은 긍정적인 느낌보다 부정적인 느
낌이 더 크다. '말을 참 잘하네'라는 말은 칭찬으로 들리지만 '수
다스럽네'라는 말을 들으면 '좀 조용히 하라'는 뜻으로 들리기도
한다.

몇 년 전 한 개그맨을 처음 만났을 때 그가 정곡을 찔러서 말
문이 막혔다.

"아가와 씨는 기본적으로 '듣는 힘'이 없네요. 오히려 잡담을
더 잘하죠."

그 순간 깜짝 놀라서 곧 고개를 숙였다. 그때까지 나는 그와
1시간이 넘게 인터뷰를 했으니 말이다. 그 말이 맞았다. 예전부
터 회식이나 미팅 자리에 가면서 늘 나 자신을 타이른다.

'오늘은 떠들지 말자. 말을 많이 하지 말자. 나중에 분명히
후회할 테니까. 조용히 참고 점잖게 다른 사람의 말에 귀 기울
이자.'

그런데 막상 현장에 도착하면 실수를 저지르고 만다. 신이 나
서 혼자 막 떠들어대다 집에 돌아오면, '그렇게 떠들지 말걸'이
라고 가장 먼저 후회한다.

그런 수다쟁이가 어떻게 몇십 년이나 인터뷰 일을 계속할 수
있는지 의문스럽게 여기는 사람도 있을 것이다.

그것은 내가 참고 있기 때문이다. 게스트가 하는 말을 들으며 머릿속에 떠오른 생각을 말하고 싶다는 충동에 몇 번이나 사로잡힌다. '말하지 말고 일단 들어'라고 자신을 다잡아보지만 때때로 도가 지나칠 때가 있다.

정곡을 찌른 그 개그맨을 만났을 때도 대화가 즐거운 나머지 인터뷰어의 원칙을 어기고 나불나불 떠들어댄 것이다. 한번 엎지른 물은 다시 주워 담을 수 없다.

말이 많아지는 순간은 언제인가?

변명하는 것 같지만 일본인은 대체로 나처럼 '말하기'보다 '잡담'을 더 잘하는 것 같다. 물론 남녀를 비교해보면 여자들이 압도적으로 수다를 잘 떠는 경향이 있을 것이다. 물론 말수가 적어 보이는 남자라도 상대에 따라 갑자기 수다쟁이가 되는 경우가 있다. 입을 꾹 다물고 듣기만 하다가 화제를 바꾸면 순식간에 말이 많아지는 사람도 있다.

즉, 잘 모르는 사람 앞이나 관심이 별로 없는 이야기를 할 때는 조용히 있다가, 잘 아는 분야가 나오면 갑자기 떠들어대기 시작하는 남성들이 꽤 많다. 여성들은 상대방이 처음 보는 사람이든 친하지 않은 사람이든 대체로 남자들보다는 말을 잘하는 편이다.

하지만 수다를 잘 떠는 여성이라도 많은 사람들 앞에서 능숙하게 말을 잘하는 사람은 많지 않을 것이다.

예전에 이노우에 히사시 씨는 유머에 관해 이렇게 말했다.

"약 5평이 안 되는 공간에서의 유머 감각은 뛰어날지 몰라도, 큰 회의장에서는 유머를 발휘하지 못하는 사람들이 대부분입니다."

친구들끼리 모이면 웃기고 싶은 마음에 입이 근질근질한데 낯선 사람들이 모인 자리에 나가면 순간적으로 위축되고 만다. 유머는커녕 많은 사람들 앞에서 말하는 것조차 서툴다.

속속들이 아는 친구와 테이블에 둘러앉았을 때는 재미있는 말이 술술 나온다. 그런데 눈앞에 있는 수백 명을 상대로 마이크를 잡고 말하려고 하면 갑자기 긴장해서 말이 어색해지기 시작하고 판에 박힌 말만 나온다. 그렇다고 해서 말을 안 할 수도 없다. 그래서 사전에 원고를 준비하고 자신이 쓴(또는 다른 사람이 쓴) 연설문을 그대로 읽는다. 그 안에 유머가 섞여 있다고 해도 관객을 보며 자신 있게 말할 정도의 용기와 여유는 없다. 계속 원고만 내려다보며 그저 소리 높여 읽을 뿐이다.

평소에도 이상하게 느끼는 것 중에 하나가 있다. 정치인들은 모두 자신을 널리 알리기 위해 선거운동을 할 때는 선거 유세 차량 같은 높은 곳에 올라 한 번도 본 적 없는 많은 사람들 앞에서 원고를 전혀 보지 않고 유창하게 떠들어대는데 장관이 되고 나면 갑자기 고개를 숙이고 원고만 읽는다는 것이다. 그 이유가 뭘까? 말실수를 하면 정치 생명이 끝난다는 공포심이 작용하기 때문일까?

자기 이야기로 말문을 트는 훈련

벌써 30년도 훨씬 지난 일인데, 미국 워싱턴 D. C.에 살았을 때의 이야기다. 스미스소니언박물관에 데이케어 센터라는 어린이집과 같은 곳이 있었다. 박물관에서 일하는 직원의 아이들을 낮 동안 맡아주는 시설이다.

나는 노동 비자가 없었기에 그곳에서 자원봉사자로 근무했다. 어린아이를 상대하는 정도라면 어려운 영어도 아닐 테니 어떻게든 일할 수 있지 않을까 싶었다. 하지만 그런 안이한 생각은 통하지 않았다.

아이들은 봐주는 법이 없다. 상대방이 영어가 능숙하지 않은 외국인이라는 배려가 전혀 없기 때문에 천천히 말하거나 다시 말해주지 않는다. 재미있는 장난감이 왔다는 정도로 생각했는지 처음에는 매우 관심을 보이더니 소통이 안 된다는 사실을 알자마자 무시했다. "조용히 해!"라고 혼내봤자 전혀 말을 듣지 않았다. 그래서 나도 필사적으로 서투른 어휘와 엉망인 발음을 구사하며 꽤 열심히 싸웠다.

　어느 날 남자아이와 여자아이가 즐거운 듯이 대화를 나누고 있는 것을 보고 영어로 물어봤다.

"무슨 얘기하고 있니?"

그러자 여자아이가 답했다.

"동물원 얘기요. 지난주 일요일에 함께 갔다 왔어요."

그래서 나는 다시 물었다.

"오, 굿! 동물원에서 뭘 봤어?"

이번에는 남자아이가 고릴라를 보고 왔다고 대답했다.

나는 바로 반복해서 말했다.

"오, 고릴라!"

그러자 여자아이가 남자아이와 얼굴을 마주 보더니 나에게 말했다.

"고-라고 해봐요."

"고-?"

내가 말하자 계속해서 여자아이가 말했다.

"그럼, 릴라."

"릴라?"

"그걸 이어서 말해봐요."

"고-릴라?"

여자아이는 고개를 살짝 갸웃하더니 한쪽 집게손가락을 치켜 올리며 말했다.

"맞아요. 고-릴라가 정확한 발음이에요!"

생각해보면 그 어린이집에서 겪은 혹독한 경험은 영어를 단련하는 데 큰 도움이 되었다.

대화 속에 유용한 포인트가 있다는 점도 일종의 '말하는 힘'이라고 할 수 있다.

그 어린이집에는 당번 제도가 있어서 네다섯 살쯤 된 아이들이 순서대로 하루에 2명씩 당번을 맡았다. 그날의 당번이 된 아이들은 먼저 아침에 전원을 모으고 그 아이들 앞에서 발표를 진행한다. 자기 집에서 가져온 소중한 보물을 모두의 앞에서 공개하는 것이다.

'그 보물은 언제, 어떻게 얻었는가', '어떤 점이 마음에 드는가', '어떤 보물인가', 이런 발표 내용을 자신이 직접 생각해서 선생님의 도움이나 조언도 받지 않고 혼자서 끝까지 해낸다.

이를테면 기관차 장난감을 가져온 당번 아이는 다음과 같이 발표했다.

"이 기관차는 작년 크리스마스 때 할아버지가 사주셨어요. 스위치를 누르면 움직여요. 기관차 뒤쪽에 작은 객차도 달렸는데 승객 인형도 있고 문도 열려요. 대단하지 않나요?"

그리고 그 기관차를 그날 하루 동안 어린이집의 아이들과 공유한다. 하지만 장난감을 다루는 방법은 주인에게 결정할 권리가 있다.

“이 장난감은 망가지기 엄청 쉬우니까 함부로 만지면 안 돼요. 그래도 내 앞에서 만지는 건 허락할게요. 내가 전원을 켜서 움직이는 모습을 보여줄게요.”

그런 것도 전부 본인이 생각하고 결정해서 직접 발표한다.

나는 그야말로 문화적인 충격을 받았다. 이렇게 어린 시절부터 스스로 발표 능력을 갈고닦는다고 하니, 이래서야 일본이 미국과 어떤 외교 협상을 하더라도 이기기가 힘들 거라는 생각이 들었다.

덧붙이자면 이러한 아이들의 발표는 스미스소니언 데이케어 센터에서만 특별히 진행되는 것이 아니라 미국의 어린이집이나 초등학교에서는 일반적인 교육과정에 포함되어 있는 듯하다. '쇼 앤 텔(show and tell)'이라고 하는 이 활동은 미국 학교에서는 누구나 경험한다는 사실을 나중에 알게 되었다.

눈치 볼 필요 없는 대화의 묘미

작가 고즈 칸나 씨에게 미국의 교육에 대해 들은 적이 있다. 그녀는 젊었을 때 미국 대학에 유학한 경험이 있는데 그때 '디베이트(debate, 토론)'라는 수업이 있었다고 한다.

예를 들어 '사과'를 주제로 정했다면 먼저 강의에 참석한 학생들을 두 팀으로 나눈다. 사과를 좋아하는 팀과 사과를 싫어하는 팀, 두 팀이 사과에 관해 토론을 시작한다. 당연히 사과를 좋아하는 학생이 사과의 장점을 주장하고, 사과를 싫어하는 학생이 사과의 어떤 점이 마음에 들지 않는지 주장하는 토론이라고 생각할 것이다. 하지만 정반대였다.

사과를 좋아하는 사람은 의도적으로 사과의 단점을 늘어놓고 사과가 얼마나 매력이 없는 과일인지 설명해야 한다. 한편 사과를 싫어하는 사람은 사과의 장점을 상대방에게 이해시키기 위해 설득해야 한다. 다시 말해 자기감정을 억누르고 상대방과 논쟁하는 훈련이라고 한다.

일본에서는, 적어도 나는 경험해본 적 없는 교육 방식이었다. 하지만 미국인들은 이러한 훈련을 거쳐서 상대방과 자신의 의견이 다르거나 말이 통하지 않더라도 최대한 감정에 치우치지 않고 객관적으로 판단하는 능력을 어린 시절부터 터득했다는 것이다.

한편 일본인은 자기 의견을 말하려고 할 때 상대방의 기분이 어떨지 눈치부터 보는 경향이 있다. 상대방이 마음에 들어하지 않는 의견을 말하면 그 후 관계가 나빠질 수 있다는 점을 지나치게 두려워한다. 또는 주제넘게 나서서 의기양양하게 마음대로 말하면 '저 사람은 분위기 파악을 못 하는구나', '어디서 건방지게'라며 주위 사람들에게 비난을 살지도 모른다.

앞장서서 자신의 의견을 말하기보다는 잠시 주위 사람들의 눈치를 살피고 이야기가 어떤 방향으로 흘러가는지 확인한 후에 자신의 생각을 조금씩 드러내야 안전하다고 생각한다. 나도 그럴 때가 있다.

예전에 비해서는 개성을 존중하고 각자의 차이를 인정하는 시대가 된 것처럼 보이지만 여전히 어른이든 청년이든 아이든 '질문 있습니까?', '다른 의견은 없습니까?'라고 의중을 물어도 눈치만 살피며 쥐 죽은 듯이 조용하다. 여기저기서 손을 드는 광경은 에너지로 가득 찬 초등학교 1학년 교실을 제외하면 좀처럼 볼 수 없다.

얼마 전 한 보도 관련 다큐멘터리 영화를 보다가 새삼 '그렇겠지'라고 받아들인 일이 있었다. 영상 속에서 취재하는 사람이 한 청년에게 "정치에 관심이 있나요?"라고 묻자 청년은 쑥스러운 듯이 대답했다.

"친구들끼리는 정치 이야기를 되도록 꺼내지 않으려고 해요. 정치에 관해 이야기하고 싶다는 말이라도 꺼내면 주위에서 이상한 사람 취급을 받을 것 같고 의견이 갈렸을 때 서먹해질 수 있기 때문이죠."

다른 사람과 친해지려면 거리낌 없이 누구나 함께 즐길 수 있는 화제를 꺼내야 가장 효과적이라고 생각하는 것이 아닐까?

그러나 이런 성향을 가진 사람들도 대화의 묘미와 즐기는 방법이 분명 있을 것이다. 처음부터 자기 의견을 강하게 밀어붙이기보다 상대방과 주위 사람들의 마음을 헤아리며 말하는 것도 나쁘지 않다.

이런 경우에 이야기를 꺼내는 방법이 있다. 어디까지나 내 실제 경험과 남들에게 전해 들은 이야기를 통해 마음속에 새겨놓은 여러 가지 방법에 대해 지금부터 신나게 이야기해보려고 한다.

- 아가와 사와코

Contents ·············

Part 3

호감은 첫 한마디에서 시작된다

Part 4

조금 더 듣고 싶어지는 말

Part 5
말에는 마음의 결이 담겨 있다

• • •

말을 '잘하는' 사람은
자기 안에 있는 이야기를 잘 '꺼내는' 사람이다.
할 말은 이미 당신 안에 있다.
다만 그것을 입 밖으로 꺼내는 데 익숙하지 않을 뿐이다.
상대의 말에서 단어 하나를 건져 올리고
내 기억의 서랍에서 에피소드 하나를 꺼내면 된다.
말의 재료는 이미 충분하다.
어떻게 하면 그것을 자연스럽게 꺼낼까?

Part 1

말은 마음속 서랍을
여는 것이다

The Beginning of a Conversation

1

말수가 적은 사람의 말하기 법칙

말하기 법칙의 첫 번째 실마리는

말수가 적은 사람들에게서 찾는다.

젊었을 때 친구 몇 명과 함께 해외여행을 갔을 때의 일이다. 일행 중에 영어 성적이 매우 좋은 남자 친구 한 명이 있어서 마음이 든든하다고 생각하며 여행을 떠났다. 분명 여행지에서 소통에 어려움이 생기면 그가 나서서 해결하겠지 하는 믿음이 있었다. 그러나 기대와는 달리 그는 아무런 도움이 되지 못했다.

이를테면 경유해야 하는 비행기가 지연되는 듯하다는 것은 알겠는데 공항 내 안내 방송이 잘 들리지 않는 데다 애초에 알아들을 수 없었다.

"카운터에 가서 한번 물어봐."

그에게 부탁했는데 좀처럼 움직이려고 하지 않았다.

호텔에서 체크인할 때도 그는 왠지 모르게 뒤에서 기다렸고

앞장서서 호텔 직원의 설명을 통역해줄 의지가 보이지 않았다. 성급한 나는 애가 타서 그를 대신하여 심각한 수준의 영어로 질문은 대충 했지만 상대의 대답을 거의 알아들을 수 없었다.

"뭘 하라는 건지 도통 모르겠어!"

다른 친구들과 함께 소란을 피워대자 아니나 다를까 그는 상대방의 말을 제대로 이해하고 있었다. 그렇게 영어를 잘 알아들으면 진작 나섰어야 하지 않는가.

투덜거리며 여행을 계속하는 동안 깨달은 사실이 있었다. 생각해보니 그는 일본에서도 그다지 말이 많지 않은 사람이었다. 과묵한 사람은 해외에 나가도 과묵하다는 사실을 새삼 느꼈다. 애초에 말수가 적은 사람은 아무리 어학 실력이 뛰어나다 한들 해외에 나가자마자 갑자기 수다스러운 성격으로 변할 리 없었다.

조용한 사람은 언제 말문이 트일까?

또 하나 해외에서 뼈저리게 느낀 점이 있다. 머리말에서도 언급했지만 30년쯤 전에 나는 미국 워싱턴 D. C.에서 1년 동안 살았다. 1년 정도면 영어를 자연스럽게 터득할 수 있을 것이라 기대했는데 그렇게 호락호락하지 않았다. 사람은 어딜 가든 노력해야 실력 향상을 기대할 수 있다. 스미스소니언 데이케어 센터에서 엄격한 아이들에게 둘러싸여 그나마 고생한 보람이 있었는지 지금보다 영어 회화 실력이 조금은 더 나을 수 있었지만 마지막까지 유창하다고 할 정도로 늘지는 않았다.

실제로 나는 미국에 머무르며 여기저기에서 '사와코는 조용한 성격이다'라는 엄청난 오해를 계속 받았다. 다른 사람이 하는 말을 알아듣지 못하니 입을 다물고 있을 수밖에 없었다.

과묵한 사람은 해외에 가도 과묵하고, 수다스러운 사람도 해외에 가면 말수가 줄어든다. 이것은 내가 찾아낸 말하기 법칙의 첫 번째 실마리다.

누구나 이야기 서랍을 갖고 있다

꺼내기만 하면 이야기가 되는 말의 재료들이 쌓여 있다.
다만 그것을 입 밖으로 꺼내 말하는 연습이 부족할 뿐이다.

말수가 적은 사람이든 아니든 마음속으로는 어떻게든 사람들과 대화에 끼어들고 싶을 것이다.

미국에서 홈파티 등에 초대받았을 때 떠드는 사람들 옆에 다가가서 가만히 귀를 기울였다. 타이밍을 봐서 대화에 끼어들 수 있지 않을까 하고 기회를 엿봤다. 그러자 화제가 일본 교토로 옮겨 간 모양이었다. 그래, 교토에 관해서라면 일본인인 내가 나설 차례지. 어떤 이야기를 할까? 오랜 교토의 역사에서 '예전에 일어난 전쟁'에 대한 이야기가 나오면 태평양전쟁이 아니라 1467년에 있었던 오닌의 난(쇼군 후계 분쟁으로 인해 전국으로 확산된 내전)을 떠올리는 것이 교토 사람이다.

'좋았어. 이 이야기를 해보자' 생각하고 마음속으로 영작문을 완성했을 때 이미 그들의 화제는 다른 내용으로 넘어가 있었다. 버스는 이미 떠나간 상태였다.

하지만 생각해보면 나는 딱히 교토에 관해 말하고 싶었던 것이 아니었다. 솔직히 미국인에게 알려줄 정도로 교토에 대해 깊이 알지 못했고 교토와 관련된 흥미로운 일화가 많은 것도 아니었다. 나에게 좀 더 적극적으로 '말하고 싶은' 주제나 일화가 있었다면 아무리 영어 실력이 형편없더라도 미국인을 상대로 열정적으로 말할 수 있었을 것이다. 아니면 아무리 서툰 영어였더라도 나의 '말하고 싶다'는 열정에 사람들이 압도당해서 내 이야기를 들어주려고 했을 것이다.

결국은 무엇을 말하고 싶은가가 문제다. 일단 말하고 싶은 화제와 열의가 없으면 말하기는 어렵다. 자기가 '무엇을 말하고 싶은지'도 모르냐고 지적할 수 있는데, 사실 쉽지 않은 일이다.

문제는 '무엇을 말하고 싶은가'

그럼 '하고 싶은 이야기'는 어디서 찾을까? 특별히 고상한 교양이나 지식이 없으면 대화할 생각을 하지 말라는 뜻이 아니다. 실제로 나는 어릴 때부터 가족들에게 '상식을 전혀 모르는 아이'라는 이야기를 많이 들었다. 성인이 된 후에도 우연히 《슈칸분순(週刊文春)》에서 인터뷰를 연재하기 시작했는데 워낙 아는 것이 없고 독서량도 매우 적어서 시사뿐만 아니라 경제, 스포츠, 음악, 아이돌에 이르기까지 모든 분야에서 '그게 뭐예요?', '그 사람은 누구예요?'라는 말만 해댔다.

그래서 처음에는 편집부에서 대담 제목을 '아가와 사와코의 처음부터 알려주세요'로 하자고 제안했을 정도다. 아는 것이 없어서 인터뷰 직전에 공부해야 할 것은 늘어나기만 했다. 그런데도 30년이나 해고당하지 않고 인터뷰 연재를 계속해온 나 자신이 놀라울 뿐이다.

하지만 나와 같은 인터뷰 관련 일을 하지 않더라도 자기 나름대로 살다 보면 여러 사람을 만나고 많은 것을 경험하면서 재미있고 우습거나 슬프고 괴로우며 때로는 화가 나는 사건을 겪거나 남에게 전하고 싶은 이야기를 들을 것이다.

그 수많은 일화와 추억 이야기는 평소에 머릿속 서랍 깊은 곳에 넣어두고 좀처럼 밖으로 꺼내지 않는다. 하지만 어떤 계기가 생기면 '아, 그러고 보니 그런 일이 있었지' 하고 떠올라 다시 밖으로 끄집어낼 수 있다.

머릿속 서랍에서 끄집어낸다

배우 오타케 마코토 씨가 진행하는 라디오 프로그램에 고정 패널로 출연했을 때 그는 생방송이 시작되기 전에 나에게 자주 물어봤다.

"오늘은 이런 주제로 시작해보고 싶은데 그 주제에 관해 하고 싶은 이야기 있어?"

나는 즉시 대답했다.

"없는데요."

실제로 생각나지 않았다. 라디오에서 하고 싶은 이야기가 있을 리 없다고 생각했다. 그런데 막상 방송이 시작되고 오타케 씨가 그 주제에 관해 이야기를 진행하는 동안 생각났다.

"그러고 보니 저도 예전에……."

그리고 결국 나는 주어진 시간이 다 끝날 때까지 계속 이야기했다.

방송이 끝난 후 오타케 씨는 어이없다는 듯이 말했다.

"할 말이 없다면서 항상 말이 엄청 많잖아."

정말 그랬다. 처음에 물어봤을 때는 '없다'라고 생각했는데 오다케 씨의 이야기를 듣는 동안 머릿속에 관련된 이야기들이 저절로 떠올랐다.

아무런 화제가 떠오르지 않는다고 생각하면 일단 다른 사람의 이야기를 귀 기울여보기 바란다. 어딘가에서 딱 걸리는 것이 있을 것이다. 그렇게 딱 걸린 한마디에 반응해서 머릿속 서랍의 자물쇠가 열리고 깊은 곳에 넣어놓은 일화가 스멀스멀 빠져나오기 시작할 수 있다.

해야 할 말은 상대방의 이야기 속에 있다

스피치가 막막할 때는 먼저 말한 사람의 이야기를 귀 기울여 들으면
그 안에서 자연스럽게 힌트를 얻을 수 있다.

미디어와 관련된 일을 시작한 지 얼마 안 됐을 무렵, 선배가 인터뷰를 할 때는 질문을 딱 하나만 준비하라고 알려줬다. 새내기 인터뷰어에게 그보다 더 무서운 일은 없다. 질문 하나만 준비하고 인터뷰에 임하면 그 질문에 대한 답변이 돌아온 시점에서 대담이 끝나버릴 것 같았다.

하지만 신기하게도 대담은 끝나지 않는다. 질문하는 사람은 두 번째 질문을 찾기 위해 무엇을 할까? 그렇다. 첫 번째 질문에 대한 상대방의 대답에 열중해서 귀 기울이는 수밖에 없다. 상대의 이야기를 듣다 보면 반드시 어떤 질문이 솟아나게 될 것이다.

예를 들어 첫 번째 질문을 이런 식으로 해봤다고 하자.

"사장으로 취임하신 지 2년이 지났는데 지금 어떤 마음가짐

으로 일하십니까?"

그러면 대답이 돌아온다.

"벌써 2년이나 지났다니 저도 놀랍습니다. 애초에 제가 사장이 될 것이라고는 아무도 생각하지 못했으니까요. 한번은 지방으로 좌천당해서 다시는 본사로 돌아올 수 없을 거라고 포기했을 정도로 열등한 사원이었습니다."

그렇게 대답하면 일단 놀라지 않겠는가?

"네? 지방으로 좌천당하셨다고요? 그때가 몇 살쯤이었나요? 무슨 이유로 좌천당하셨죠?"

얼마든지 질문거리가 솟아날 것이다.

그런데 미리 항목별로 질문을 열 개, 스무 개씩 준비해놓았다고 하면 어떨까? 이를테면 두 번째 질문으로 "사장님께서 취임 직후 발표하신 과감한 회사 개혁에 관하여 다시 한 번 들려주실 수 있나요?"라는 내용을 준비해놓았다고 하자.

첫 번째 질문에 시장이 대답하는 내내 두 번째 질문을 언제 꺼내야 할까, 그 타이밍에만 정신이 팔렸을 것이다. 즉, 상대방의 대답을 제대로 듣지 않게 된다. 게스트가 중요한 말을 했다는 사실도 깨닫지 못하고 말이다.

그러나 질문을 하나만 준비해놓았다면 상대의 대답에 귀 기울이고 있다가 거기에서 들은 말로 대화를 넓혀가려고 할 것이다. 그것 외에는 방법이 없다.

질문은 상대의 대답에서 찾는다

그런 식으로 듣는 사람이 말하는 사람의 마음을 헤아리면서 이야기를 전개해나간다면 말하는 사람은 자연스럽게 이야기를 이어갈 수 있고, 생각지도 못한 재미있는 일화가 갑자기 튀어나올 수도 있다.

화젯거리를 찾을 때도 마찬가지다. 자신의 머릿속에서만 찾느라 애쓸 필요 없다. 다른 사람의 이야기 속에 얼마든지 널려 있다. 그것을 잘 주워 담으면 입과 마음이 조금씩 열릴 것이다.

덧붙여 말하자면 사람들이 어려워하는 스피치도 마찬가지다. 스피치에서 할 말이 생각나지 않으면 자신보다 먼저 스피치하는 사람의 이야기를 경청하고 그 속에서 찾아보자. 어딘가에 힌트가 있을 것이다. 자신이 가장 먼저 스피치해야 하는 경우에는 어떻게 할까? 그럴 때는 직접 생각할 수밖에 없다. 또는 스피치가 시작되기 전에 사회자의 말이나 그 자리에 모인 사람들의 모습 등을 슬쩍 관찰하다 보면 무엇인가 참고할 만한 것이 눈에 띌 것이다.

4

어색한 침묵을 넘기는 말의 힘

상대방의 이야기에서 나온 단어 하나를 골라
자신의 이야기를 계속 말할 수 있다.

그래픽디자이너 나가토모 게이스케 씨와는 자주 골프를 치는 사이였다. 집이 비교적 가까웠기에 내가 직접 차를 몰아서 골프장에 갈 때는 나가토모 씨 집까지 가서 그를 태우고 오가는 길에 이런저런 이야기를 나눴다.

나가토모 씨와는 이쿠인 시즈가 씨의 소개로 알게 되었다. 나보다 열네 살이 많은 그는 그래픽디자인 분야의 내가였다. 예전에 나가토모 씨가 내 책 표지를 만들어주었는데 제대로 인사드리지 않은 결례를 저지른 적이 있다. 솔직히 말하면 완전히 잊어버린 것에 가깝다. 처음 만났을 때 인사하자마자 나가토모 씨가 이렇게 말씀하셨다.

"예전에 당신 책의 표지를 디자인해준 기억이 있는데……."

나는 감사의 편지도 보낸 기억이 없어서, 죄송한 마음으로 주의해야겠다며 조심스럽게 라운드를 돌기 시작했다. 그런데 나가토모 씨는 나에게 어쩜 그렇게도 너그럽게 말을 걸어주었는지 모른다.

오사카 사투리로 느긋하게, 하지만 오사카 사람 특유의 농담으로 내 점수가 조금 좋으면 "오, 건방진데? 좋아, 나도 안 질 거라고"라며 팔꿈치로 툭툭 쳤다. 나 역시 '저도 안 질 거예요'라는 기세로 나가토모 씨를 팔꿈치로 툭툭 쳤다. 마치 고양이끼리 서로 장난치는 듯한 관계가 그날 하루 만에 만들어졌다.

그날 이후 나는 나가토모 씨를 태우고 골프장까지 가는 시간이 얼마나 즐거웠는지 모른다.

골프장까지 2시간 가까이 걸렸는데도 나가토모 씨와의 수다가 내내 끊이지 않아서 '어머, 벌써 도착했네?' 하고 서로 깜짝 놀랄 정도였다. 수다에 푹 빠진 나머지 운전하다 길을 잘못 든 적도 있다. 어떻게든 시간에 아슬아슬하게 맞춰서 골프장에 도착해보면 이주인 씨가 기다리고 있었다.

"늦어서 죄송합니다. 이런저런 얘기를 나누느라 길을 잘못 드는 바람에……."

내가 사과하자 이주인 씨가 이렇게 말했다.

"애들도 아니고 수다 떨다 엉뚱한 데로 가다니."

그랬다. 나가토모 씨와 나는 애들처럼 사이좋게 장난을 쳤다.

말의 흐름이 뚝 끊어지지 않게 하려면

왜 그렇게까지 잡담이 즐거웠냐고 하면 아무래도 서로 '끝말 잇기식 화제 배틀'을 벌였기 때문이다.

이를테면 나가토모 씨가 이야기를 시작한다.

"어제 말이야, 갑자기 팔이 안 올라가는 거야. 이러다 골프를 못 치는 건 아닌지 걱정돼서 마사지를 받으러 갔더니 오십견이라잖아. 이미 일흔이 넘었는데 무슨 말인가 싶어서 깜짝 놀랐어."

"어머나, 그래서 어깨는 아직도 아프세요?"

"아니, 마사지 효과가 있는지 오늘은 괜찮아."

"오십견이라고 하면 말이죠……."

문득 생각난 이야기가 있어서 나는 말하기 시작했다.

"히로시마에 큰아버지가 혼자 사시거든요. 이미 아흔이 넘으셔서 때때로 일도 볼 겸 살피러 찾아봬요. 요전에 갔더니 '요즘 어깨가 너무 아픈 거야. 네가 온다고 해서 빨리 나으려고 어제 병원에 갔더니'라고 말하는 도중에 큭큭 웃으시잖아요. 왜 그러시냐고 물었더니 '그게 말이다, 오십견이라더라' 그러시는 거에요. 아흔이 넘었는데 오십견이라고 하니 기분 좋으셨나 봐요."

"오호, 나보다 한 수 위가 있었구먼."

나가토모 씨는 한바탕 웃더니 말을 이었다.

"히로시마라고 하면 말이야, 예전에 친구랑 히로시마 번화가를 걸어가는데 눈앞에서 교통사고가 난 거야……."

"교통사고라고 하면 저도 한 번 운전하던 차를 누가 뒤에서 받은 적이 있어요. 그때 구급차라는 걸 처음 타봤지 뭐예요."

"나는 말이지, 미국 플로리다에서 교통사고를 당해서 죽을 뻔한 적이 있어."

"저런, 플로리다라고 하면 말이죠……."

이런 식으로 얼마든지 상대방의 이야기에서 나온 단어 하나를 골라 자신의 체험담이나 다른 사람에게 들은 이야기 등을 계속 말할 수 있다. 나가토모 씨의 이야기에 놀라고 웃다가 이번에는 내가 떠들기를 반복하다 보면 순식간에 골프장에 도착한다.

그것은 정말로 즐거운 '끝말잇기식 화제 배틀'이었다. 덕분에 차를 타고 오는 내내 어색할 틈이 없었다.

대단한 화젯거리가 필요한 것이 아니다. 그저 상대의 말에서 실마리를 하나 잡아 이어가면 대화는 자연스럽게 계속 이어나갈 수 있다.

5

침묵도 소통의 일부다

침묵은 잠깐 숨을 고르는 시간일 뿐이다.

말이 멈췄다고 해서 관계까지 멈추는 것은 아니다.

그런데 '끝말잇기식 화제 배틀'이 어떤 누구와도 대화 분위기를 띄울 수 있는 방법인 것은 아니다. 때때로 그리 친하지 않은 사람과 함께 차를 타면 무슨 이야기를 주고받아야 할지 살짝 긴장된다.

내 경우에는 역시 골프장에 갈 때 그런 상황에 자주 놓인다. 집이 가까운 듯하니 이왕이면 자기 차로 같이 가자고 권유하며 데리러 오는데 운전기사가 모는 고급 승용차이기도 하다.

"정말 고맙습니다. 오늘 잘 부탁합니다."

송구해하며 막상 뒷좌석에 나란히 앉지만 잠시 침묵이 흐른다. '뭔가 말을 걸어야 해. 무슨 이야기로 시작해볼까?' 창밖 풍경으로 시선을 돌리며 머리를 엄청나게 굴려댄다. 그러다 문득 생각이 나서 날씨 이야기를 꺼내본다.

"오늘 골프 치는 동안 아무래도 비 올 걱정은 안 해도 될 것 같네요."

"그러게요. 오전 중에 빗방울이 조금 떨어질 것 같지만 오후에는 갤 것 같아요."

거기서 일단 대화가 중단된다. 흐름이 끊어지지 않게 하려고 잠시 후 화제를 골프로 바꿔본다.

"골프는 어디에서 자주 치시나요?"

"예전에는 지바 쪽으로 자주 다녔는데 벌써 3년이나 안 쳤거든요. 그래서 오늘은 잘 칠 자신이 없네요."

"아니에요. 오랜만에 쳐야 컨디션이 좋고 더 잘 쳐진다고 하던데요."

근거 없는 위로의 말을 내뱉어보지만 상대방은 "그런가요?"라며 쓴웃음만 지어 보일 뿐이다.

뭔가 다른 재미있는 이야기가 없을까, 고민해보지만 꼭 이럴 때만 아무 생각도 나지 않는다.

상대방의 이야기에서 화제를 고르라고 했는데 이렇게까지 주고받는 말이 적으면 무슨 말을 해야 할지 찾을 수가 없다. 이런 식으로 분위기가 어색해진 경험이 누구에게나 있을 것이다.

하지만 최근 들어 그럴 때는 굳이 무리하지 않아도 된다고 나 자신을 타이른다. 무리하게 이야기를 꺼내려고 애쓰지 않아도 된다. 침묵은 절대 잘못된 것이 아니고 예의에 어긋나지도 않는다.

말이 멈췄다고 해도 괜히 공백을 메우려 애쓰기보다, 상대의 표정과 숨결을 가만히 느끼다 보면 다음 말은 의외로 자연스럽게 따라온다.

6

말의 리듬과 대화의 숨 고르기

사람에게는 저마다의 리듬이 있다. 나처럼 잡담하기 좋아하는 사람에게는 긴 침묵으로 느껴지는 시간이라도 상대방의 관점에서 보면 기분 좋은 '시간'이 될 수 있다.

상대방이 자신에게 적대감을 느낀다면 또 몰라도 일단 우호적인 관계라면 서로 이해하는 한 시간의 흐름에 몸을 맡기고 딱히 할 이야기가 생각나지 않을 때는 잠시 바깥 풍경이라도 즐기면 된다.

상대방도 '어떤 이야기를 할까' 하고 한창 찾는 중일지도 모른다. 화제를 찾는 데 시간이 걸리는 사람도 있다. 또는 잠시 침묵하고 싶은 기분일 수 있다. 너무 졸려서 어쩔 수 없는 경우도 있을 것이다. 나와 나가토모 씨처럼 대화가 끊어지지 않고 바로 바로 주고받는 것만이 정답은 아니다. 자신의 리듬을 강요하기보다 상대방의 리듬을 살피는 것도 대화의 일부라고 생각해보자. 적극적으로 어울려야 한다는 의무감을 가지지 않아도 되는 때가 분명히 있을 것이다. 그러는 사이에 창밖을 보며 누가 먼저라고 할 것도 없이 자연스럽게 말이 튀어나올 때가 있다.

"아, 후지산이다!"

"정말이네. 예쁘군요."

후지산의 아름다움에 공감한 것을 계기로 자연스럽게 이야기가 확장될지도 모른다.

"후지산에 올라가 본 적 있나요?"

그냥 생각난 대로 물어보면 의외의 대답이 돌아온다.

"네, 열 번쯤 올라가 봤습니다."

"그렇게 많이요?"

그때부터는 이야깃거리가 얼마든지 떠오른다. 열 번이나요? 왜 등산하게 되었나요? 정상까지 올라가면 어떤 느낌인가요? 혼자 갔나요? 후지산은 쉽게 올라가기 힘들 텐데, 장비를 얼마나 갖추고 가야 하나요?

후지산에 올라간 적이 없는 나는 물어볼 말이 자꾸자꾸 솟아난다.

그런 식으로 말할 기회도 찾지 못하고 자신도 화제 찾기에 지치면 최후의 수단으로 이렇게 말해도 된다.

"저는 신경 쓰지 마시고 쉬세요. 저도 잠깐 눈 좀 붙일게요."

차로 이동하는 동안이나 열차에서 나란히 앉았을 때 화제를 찾지 못해 곤란해지면 이 한마디를 추천한다. 그렇게 말해두면 괜히 어색한 침묵을 억지로 메우지 않아도 된다. 서로 편하게 숨 돌릴 시간을 주는 것도 좋은 배려다.

7

공감은 말하기 불변의 법칙

대화를 이어가는 힘은 질문보다 반응에 있다.

상대의 말에 공감만 잘해도 자연스럽게 다음 이야기가 열린다.

'말하기의 힘'과 '듣기의 힘'은 어떻게 다를까?

서로 대화를 해나가려면 상대방에게 적절히 질문을 던지는 것이 중요하다. 그렇게 되면 그것은 '듣기의 힘'이다.

한편 상대방과 이야기할 때 반드시 질문하는 자세를 취하지 않아도 되는 것이 '말하기의 힘'이다. 질문하지 않는다는 것은 자신의 이야기를 공개해야 한다는 뜻이다. 그런데 당장 나에 대해 딱히 말하고 싶은 화제가 없다면 어떻게 할까?

상대에게 공감해주면 된다. 즉, 상대방의 이야기에 관심을 갖고 상대방의 말에 놀라거나 웃거나 때로는 슬쩍 반론하거나 지적해보는 등 마음이 가는 대로 반응해본다. 반응하는 것이야말로 다음 말로 이어지는 계기가 될 것이다.

그럴싸한 말이 아니라도 괜찮다. '응, 그래', '말도 안 돼!', '그런 일이 있었어?', '과연 그렇구나'와 같이 맞장구만 쳐주어도 충분하다. 앵무새처럼 따라 말해도 상관없다.

할 말이 없으면 감탄사라도 뱉어라

이른바 '미팅용 맞장구'라는 것이 있다. 미팅 상대와 어떤 식으로 대화하면 좋을지 몰라서 곤란할 때 유용하다.

'역시', '몰랐네', '대단해요', '센스가 좋네요', '그렇군요' 등 맞장구를 칠 수 있는 말을 숙지하고 상황에 맞춰 사용하면 일단 상대방은 기분 좋게 이야기를 이어나간다. 확실히 그렇게까지 치켜세워 준다면 상대는 의욕이 넘쳐서 더 말하고 싶어질 것이다.

나이가 더 많은 윗사람을 상대할 때는 '역시 그렇군요', '몰랐네요'라는 식으로 정중한 말로 바꾸면 된다. 나이가 많은 분에게 '센스가 좋네요'라고 말하기는 쉽지 않을 수 있다. 하지만 나이가 들수록 다른 사람에게 칭찬받을 기회가 줄어든다. 그래서 마음속 깊은 곳에서는 늘 누군가에게 칭찬받고 싶어 할 것이다.

물론 나이 어린 사람이 나이 많은 사람을 '칭찬'하기란 어렵다. 용기가 필요하다. 그래도 가끔씩 상대방의 모습을 살피며 칭찬해보자. 맹세하건대 "건방지게 무슨 말이야!"라고 대답하는 사람은 없을 것이다. 쑥스러움을 감추려고 "늙은이를 놀리면 못써!"라며 떨떠름한 목소리로 반응하는 경우도 있겠지만, 의외로 "그래? 내가 센스가 좀 있지?"라며 좋아할 것이다.

맞장구 외에 감탄사도 유용하다. 상대가 무슨 말을 하면 '감탄사'로 반응하는 것이다. 예를 들면 이렇다.

"부장님, 슬슬 회의 시간입니다."

"아아."

"오늘 회의 때 드실 따뜻한 현미차를 준비했습니다."

"좋아."

'으음', '어어?', '오오'라는 식으로 최소한의 말로만 대답하는데, 그것도 나름의 독특한 맞장구라고 할 수 있다. 아무런 대답도 하지 않는 것보다 훨씬 낫다.

8

대화 톤을 부드럽게 만드는 장치

상대의 말을 먼저 수용하고 감정을 인정한 뒤

의견을 덧붙이면 경계심을 낮추고 말문을 열 수 있다.

아주 오래전에 작가인 아버지(아가와 히로유키)와 이탈리아를 여행할 때였다. 현지에 거주하던 분이 마중을 나왔고 공항에서부터 호텔 체크인에 이르기까지 큰 도움을 주셨다.

저녁을 먹으려고 하자 그분은 직접 차를 운전해 우리 부녀를 맛있는 레스토랑으로 안내해주셨다. 식당으로 가는 도중에 아버지는 일찍이 방문한 적이 있는 그 거리에 관한 추억을 이야기하며 다음과 같이 혼잣말을 꺼냈다.

"이 골목으로 들어가면 맛있는 스파게티를 파는 레스토랑이 있었는데 이름이 뭐였더라?"

그러면 지체 없이 아버지의 말에 이렇게 동조했다.

"맞아요. 스파게티가 맛있는 식당이 있었는데, 아직도 있을 겁니다. 이름은…… 뭐더라, 나중에 찾아놓겠습니다.”

또 잠시 가다가 아버지가 말씀하셨다.

“오호, 이 근방은 분위기가 조금 달라졌나?”

“말씀하신 대로입니다. 꽤 변했지요.”

안내를 맡은 그분은 솜씨 좋게 아버지의 기분을 추측해서 공감해주셨다. 그 덕택에 아버지는 크게 흡족해했고 즐거운 기분으로 그 거리를 지나갔다.

딸인 나는 반성하며 그분을 흉내 내보기로 했다. 아버지가 무슨 말만 하면 내가 ‘네?’, ‘그쪽이에요?’, ‘지금 당장요?’라는 식으로 일일이 반론하거나 의아한 표정을 짓는 탓에 아버지가 점점 짜증을 내던 참이었다. 일단은 전부 긍정적으로 받아들이기로 했다. 그것도 겸손하고 밝게!

마음속과는 정반대되는 일도 많았지만 나는 실행해봤다.

“애야, 오늘 저녁은 중화요리를 먹으러 갈까?”

그러자 나는 즉시 이렇게 말했다.

“그렇게 해요. 중화요리가 좋겠네요.”

“오늘은 날씨가 안 좋구나.”

“그러게요. 날씨가 별로네요.”

“○○ 씨에게 줄 선물은 어떻게 할까? 그림엽서를 고를 수도 없고.”

“그러게 말이에요.”

무슨 말씀을 하시든지 긍정적으로 응답하자 의외의 반응이 어색하셨는지 나중에는 "너, 지금 나를 놀리는 거냐? 적당히 좀 해"라며 언짢아하셨다.

부녀 관계라면 너무 가까운 사이라서 실패했을 수 있지만 다른 사람끼리 대화할 때 '동의'와 '공감'을 해주면 대화의 동기부여가 단번에 올라간다.

부딪히지 않고 주도권을 가져오는 대화법

내가 사회를 맡은 TV 프로그램 〈비트 다케시의 TV 태클〉의 출연자는 기본적으로 수다를 떨고 싶어 하는 사람들이어서 오히려 "한꺼번에 말씀하지 마세요!"라고 주의를 줘야 하는 경우가 더 많다. 하지만 사회자인 나 홀로 수습하지 못할 경우에는 게스트들이 저마다 지혜를 짜내서 자신의 발언 시간을 만들려고 한다.

그중에 자신의 차례가 좀처럼 돌아오지 않는다는 것을 깨닫고 지금 말하고 있는 사람에게 다음과 같이 큰 목소리로 찬성을 드러내는 사람이 있었다.

"○○ 씨, 그 말씀이 맞습니다. 정말로 지당한 의견입니다!"

그러면 그때까지 발언권을 독점하던 사람이 갑자기 말을 멈추고 '내 의견에 찬성해주는 건가?' 하며 흐뭇해했다. 그러자 그는 한순간의 기회를 놓치지 않고 이어서 말하기 시작했다.

"정말로 방금 하신 말씀이 맞습니다. 다만 저는 조금 다른 의견이 있는데요……."

그때부터 단숨에 발언의 바통이 넘어간다. 자연스럽고 능숙하게 자신이 말할 기회를 잡아채는 방법이다.

9

대화를 끊어야 할 때와 이어야 할 때

누군가 혼자 계속 말한다 싶으면 숨 돌리는 타이밍을 엿보고,

끊어진 대화는 제대로 마무리할 수 있게 돕는다.

누군가 내 말을 끊으면 기분 좋을 사람이 없을 것이다. 〈비트 다케시의 TV 태클〉을 녹화하던 중 하마다 고이치 씨가 지나치게 혼자만 계속 떠들어대니 다른 게스트들이 끼어들지 못했다. 그럴 때 스튜디오에 있는 PD가 진행을 맡은 나에게 신호를 보냈다.

"다른 게스트한테 발언을 넘겨!"

신이 나서 계속 말하는 고이치 씨를 멈추기는 어려웠지만 PD의 지시를 무시할 수도 없었다. 말을 끊을 틈을 노리면서 나는 하마다 고이치 씨를 가만히 살펴보았다. 그러자 아무리 말을 단숨에 이어나가도 때때로 숨을 돌린다는 점을 깨달았다.

하마다 고이치 씨가 크게 숨을 들이마시는 찰나에 나는 용기

를 내서 억지로 끼어들었다.

"미야케 히사유키 씨는 어떻게 생각하시나요?"

그러자 정치평론가 미야케 씨가 말을 이어받았다.

"글쎄요. 제 생각엔 말이죠."

이런 식으로 다른 사람에게 발언 기회를 넘길 수 있었다. 이후로는 혼자 계속 말한다 싶으면 숨 돌리는 타이밍을 엿보고 끼어들었다. 한 사람이 발언권을 독점하지 않도록, 그리고 다른 게스트들이 침묵한 상태로 프로그램이 끝나지 않도록 진행자가 적절하게 끊어주는 것이 좋다.

끊어진 대화를 이어주는 한마디

TV 프로그램의 토론 자리뿐만이 아니다. 모처럼 내가 말하는데 어떤 사정이 생겨서 누군가 내 말을 끊는 상황이 종종 있다.

예컨대 파티에서 내가 사람들을 상대로 특정 주제에 관해 열변을 토하는 중이라고 하자. 그때 갑자기 누군가 다가와 내 말을 듣고 있던 사람에게 말을 건넨다.

"○○ 씨, 오랜만입니다!"

내 이야기에 귀를 기울이던 사람들의 관심이 새로운 인물에게 옮겨 가는 바람에 나는 이야기를 마무리 짓지 못하고 어색해진다.

또는 레스토랑에서 일행과 이야기꽃을 피우고 있는데 직원이 음식을 갖고 온다.

"말씀 중에 실례하겠습니다."

요리에 대한 설명이 한바탕 끝나면 모두 나이프와 포크를 들고 먹는 데 집중하기 시작한다. 그럼 아까 하던 이야기를 계속할 것인가, 아니면 그만두는 게 좋을까?

요리 설명이 끝나자마자 "그래서 말이야"라고 이야기를 다시 시작할 수도 있다. 하지만 그렇게까지 억지로 화제를 되돌려야 할 정도로 중요한 내용인가 싶을 때도 있다. 그렇다고 해도 '이제 막 이야기가 재미있어지려는 참이었는데' 하고 소화불량에 걸린 듯한 기분이 들 것이다.

이야기를 제대로 끝맺지 못해서 찝찝한 기분이 들더라도 그때의 상황에 맞춰 판단한다. 이미 그 자리의 분위기가 내 이야기를 원하지 않는 듯하면 단념한다. 하지만 말이 끊긴 탓에 삐친 것은 아닌지 주위 사람들이 억측하는 것도 불편하다.

뻔뻔하게 이야기를 다시 시작할 것인가, 아니면 삐친 기분을 애써 감추고 깨끗이 접을 것인가.

그럴 때는 "그래서?"라고 이야기를 다시 시작할 수 있도록 자연스럽게 꺼내주는 사람이 한 명이라도 있으면 나는 그 사람을 껴안고 싶은 충동에 사로잡힌다. 나에게는 더할 나위 없이 친절한 사람이다. 나의 시시한 잡담을 계속 듣고 싶어 하다니 말이다.

　그래서 나도 반대의 입장이 되었을 때 이야기를 강제로 멈추게 된 사람을 발견하면 하던 이야기를 이어서 마저 할 수 있도록 도우려고 노력한다.

　“그래서 아까 하던 얘기 계속해봐.”

　단 한마디로 그 후의 대화가 얼마나 사랑과 평화로 넘치게 될지 상상해보자.

• • •

편안함은 거리낌 없는 것이 아니라
불편함이 없는 것이다.
배려는 말의 간격에서 시작된다.
말은 많이 한다고 관계가 좋아지는 것이 아니라
적절히 조율하는 데서 내적 친근감이 쌓인다.
상대를 편안하게 만드는 말의 간격,
단숨에 가까워지는 사소한 한마디는 무엇인가?

Part 2

스스럼없지만
선을 넘지 않는 말

The Beginning of a Conversation

10

마음을 터놓는 기분 좋은 거리감

적당한 거리를 둘수록 호감이 상승하고

주고받을 수 있는 이야기의 폭이 단번에 넓어진다.

인터뷰를 마치고 나면 종종 상대방에게 너무 의욕적으로 다가갔나, 아니면 긴장해서 지나치게 조심했나 하고 반성할 때가 있다. 결국 상대방과 적당한 거리감을 유지하지 못했다는 미련이 생기는 것이다.

대화를 나누는 상대방과 어느 정도 거리를 두는 것이 적절한지를 파악하기란 몹시 어렵다.

물론 처음 만나는 사람을 상대하더라도 대화를 시작하자마자 '이 정도면 되겠지' 하고 거리감을 금세 파악할 수도 있다. 때때로 토크쇼와 같은 자리가 끝나고 나면 제삼자가 놀랄 때가 있다.

"아가와 씨, 오늘 이야기 나눈 사람과는 처음 만나는 거죠? 마치 예전부터 알고 지내던 사이처럼 말하던데요."

나는 거의 자각하지 못했지만 돌이켜 생각해보니 꽤나 넉살 좋게 이야기한 것 같기도 하다. 하지만 그 이유는 대체로 상대방의 말이나 발언 내용, 또는 태도나 편히 쉬는 모습을 보면서 자연스럽게 거리가 가까워졌기 때문이라고 생각한다.

'이 사람이라면 조금 스스럼없이 말해도 괜찮겠지' 하고 어떤 말을 했을 때 실례가 되지는 않을 거라는 느낌이 드는 것이다.

하시모토 류타로 전 총리 부인을 만났을 때를 예로 들어보겠다. 당시 하시모토 류타로 씨는 아직 총리가 되기 전으로 자민당 총재의 자리에 오른 직후였다. 나는 먼저 축하 인사를 전해야겠다고 생각했다.

"축하합니다. 드디어 총재 부인이 되셨네요."

그러자 하시모토 구미코 부인이 말했다.

"고맙습니다. 하지만 총재 부인이나 장관 부인이라는 입장이 저와는 아무래도 맞지 않네요. 그래서 부인이 둘이면 좋겠다는 생각을 하기도 한답니다. 한 명은 총재 부인으로서 공식 석상에 나가고, 다른 한 명은 지역에서 선거를 돕고요."

그녀의 과감한 대답에 나는 깜짝 놀라서 말했다.

"다시 말해 둘째 부인이 있으면 좋겠다는 말씀이신가요? 그건 문제적 발언인데요."

"문제적인 발언이지만 전 지역(오카야마)에 있는 것을 좋아해요."

그녀는 밝고 단호하게 말했다.

그러나 그 무렵 공교롭게도 하시모토 씨의 여성 스캔들이 주간지에 실리면서 화제가 되었다. 나는 그 건에 관해 물어봐야 하는 사명이 있었다. 하지만 혹시라도 그 소문이 사실이라면 가장 큰 피해자는 부인이다. 그녀에게 "남편의 스캔들에 관해 어떻게 생각하십니까?"라고 물어볼 수도 없는 노릇이었지만 직업상 어쩔 수 없었다.

불편한 질문을 해야 할 것인가, 하지 말아야 할 것인가, 기로에 서게 되었다. 나는 잠시 하시모토 부인과 즐겁고 부드럽게 이야기를 이어나간 후 적당한 기회를 엿보다 용기를 짜내서 '저기……'라고 말을 꺼내려고 했다. 그때 눈치가 빠른 부인은 지체없이 새끼손가락을 세우며 말했다.

"애인 이야긴가요?"

그녀는 장난꾸러기처럼 웃으며 말을 이었다.

"일일이 다 신경 쓰면 어떻게 될까요? 저도 (남편이) 딱히 못났다고 생각하질 않아서 인기 있는 것도 알겠고……. '댁의 남편은 촌스러워서 인기가 없네요'라는 말을 듣는 것보다 낫잖아요?"

그 말이 진심일까, 아니면 카메라 앞에서 방송용으로 의연한 척 말한 것일까?

진심이 이느 정도였는지 알 수 없지민 적어도 겉보기에는 밝고 태연하게 대답해주는 모습을 보고 나는 완전히 그녀의 팬이 되고 말았다. 그 후로 더욱 친하게 어울리게 되었다. 지금도 가끔 만날 기회가 있는데 그 거리낌 없고 솔직한 모습은 정말 변함없이 한결같다.

그런 하시모토 부인의 스스럼없는 인품 덕분에 첫 만남인데도 '꺼내기 어려운 질문'을 잘 해결했다. 내가 '처음 뵙겠습니다'라고 인사를 하자마자 민감한 질문을 했다면 어떨까?

"일단 그 여성 스캔들에 대해 한말씀해주세요!"

그랬다면 하시모토 부인도 분명히 '이 사람 뭐야, 다짜고짜 기분 나쁘게' 하고 경계했을 것이다. 나도 잠시 대화를 나눠보고 '이렇게 솔직하고 꾸밈없는 분이라면 질문해도 되겠다'라고 판단해서 그 부분을 파고들었다.

그 후 《슈칸분슌》에 실린 하시모토 부인과의 대담 기사는 편집 사정상 마치 만나자마자 실례되는 질문을 한 것처럼 구성되었는데, 실제로는 대담이 거의 끝날 무렵에 꺼낸 질문이었다.

부담스럽지 않은 호감의 법칙

이처럼 처음 만나는 사람과 이야기를 나눌 때는 잠시 상황을 관찰한 뒤에 상대방과 적절한 거리감을 측정하는 것이 중요하다. 이 사람이라면 이 정도의 거리까지 다가가도 괜찮겠다 싶으면 주고받을 수 있는 이야기의 폭이 단번에 넓어지는 경우가 있다.

반대로 자신은 상대방을 매우 좋아하니까 미움받을 리 없다고 억측하는 것은 조심해야 한다. 좋아하는 사람이라 다가가고 싶은 마음이 너무 강해서 처음부터 '줄곧 팬이었습니다! 당신이 출연한 영화와 드라마도 다 봤어요! 책도 사서 읽었답니다'라며 지나치게 의욕만 앞세우면 대체로 상대방은 뒤로 물러난다.

이는 대담이나 인터뷰에 국한된 이야기가 아니다. 단번에 친구가 되고 싶어서 자신의 열렬한 마음을 전하려고 거침없이 다가갈수록 오히려 상대는 경계하게 될 것이다.

또 한편으로는 너무 좋아하지만 친한 척 말을 걸면 부담스러워할까 봐 눈도 맞추지 못하고 아래만 보며 입도 뻥긋하지 않고 외면하는 듯한 태도를 보이는 것도 문제다. 상대방은 이 사람이 자신에게 관심이 없다고 판단해서 형식적인 대화만 할 것이다.

이런 점을 염두에 두고 상대의 모습을 살피고 기분 좋은 거리감을 찾는다면 자연스럽게 마음을 터놓고 대화할 수 있다.

11

관심을 부르는 말

누구든지 잠시 이야기를 나눠보고 상대방과

어느 정도의 거리감을 유지하는 것이 좋을지 판단한다.

"남이 하는 이야기는 90퍼센트가 자랑과 불평이다."

이는 작가 쇼지 사다오 씨가 한 말이다. 그와 함께 식사하며 이야기를 나누는 자리였다. 즐거운 대화를 나누고 싶어서 하시모토 구미코 씨의 이야기처럼 '하기 어려운 질문을 했는데 이런 대답을 들어서 정말로 기뻤다'라는 에피소드를 이야기했다. 다만 나는 게스트가 얼마나 멋진 사람인지 쇼지 씨에게 알리고 싶었다. 그런데 이야기를 끝마쳤을 때 쇼지 씨가 나직이 중얼거렸다.

"자랑하는 건가?"

짜증을 낸 것이 아니라 빙긋 웃으면서 짐짓 나를 놀린 것이다. 그러고는 "남이 하는 이야기는 90퍼센트가 자랑과 불평이

"

다"라는 명언을 내뱉었다.

과연 그 말이 맞았다. 이 말을 들은 뒤 남의 이야기를 주의 깊게 들어보니 확실히 그런 경향이 있었다. 본인은 결코 자랑할 생각이 없었다고 해도 듣기에 따라서는 은근한 자랑처럼 받아들여지는 경우가 꽤 많았다.

말의 우선권을 상대에게 넘긴다

영화배우 이시다 준이치 씨를 만났을 때의 일이다. 당시 그는 천하의 인기남으로 이름을 날렸다. 지금은 그렇지 않다는 뜻이 아니다. 하지만 당시 그 인기가 어마어마해서 남자들도 이시다 씨를 흉내 내느라 한겨울에도 양말을 신지 않고 맨발로 구두를 신는 것이 유행할 정도였다.

나는 이시다 씨에게 질문했다.

"어떻게 하면 인기 있는 남자가 될 수 있나요? 이 세상 남자들에게 전해주실 만한 비결이 있나요?"

그러자 이시다 씨는 잠시 생각하더니 대답했다.

"음, 자기 이야기는 하지 말고 먼저 여성이 하는 이야기를 듣는 것이랄까요?"

나는 그의 대답에 감탄했다.

젊은 여성의 관심을 끌고 싶어 하는 남성들은 최대한 빨리 자신을 알리고 싶어서 일 이야기나 자신이 지금까지 어떤 성과를 쌓아왔고 지금은 어떤 문제로 싸우고 있는지 필사적으로 여성에게 말한다. 하지만 여성들은 그런 이야기에 전혀 관심이 없다. 그런 이야기는 대부분 자랑질이기 때문이다.

여성들은 "그렇습니까?", "그랬군요" 하고 말로는 맞장구를 치지만 상당히 무관심한 어조로 반응할 뿐이다. 그래도 남성은 눈치채지 못한다. 어떻게든 여성에게 자신을 어필하고 싶은 마음에 더욱더 열을 올리며 자기 이야기를 한다. 그러면 여성은 값비싼 식사를 얻어먹고 난 뒤 마음속으로는 불쾌한 상태이지만 겉으로는 얼굴 가득 가식적인 미소를 띠며 "잘 먹었습니다"라고 말한다.

그 후 여성은 두 번 다시 그 남자를 만나지 않는다. 그 남자가 하는 이야기는 재미없기 때문이다.

그렇다면 남자들은 어떤 이야기를 해야 할까?

이시다 씨는 자기 이야기는 일단 제쳐놓고 여성에게 질문을 던지는 것이 중요하다고 말한다.

"요즘 어떤 것에 관심이 있나요?"

"어떤 일을 하고 싶나요?"

"본인의 패션이나 화장은 무엇을 참고하나요?"

"어떤 음악을 좋아합니까?"

뭐든 좋으니 여성이 대답하기 쉬운 화제를 찾아서 자기 이야기를 할 기회를 만들어준다. 여기서 주의해야 할 점은 절대 심문하듯이 다그치면 안 된다는 것이다. 어디까지나 친절하게 관심을 보이며 자연스럽게 말한다.

"저는 사실 패션 스타일리스트가 되고 싶어요. 하지만 어떻게 하면 되는지 잘 모르겠어요."

그런 말이 여성의 입에서 나오면 기회다.

"그렇군요. 실은 제 학창 시절 친구 중에 스타일리스트가 있어요. 그녀는 지금 여배우 ○○의 스타일리스트로 활동하고 있지요."

"정말요?"

순식간에 여성은 눈을 빛내면서 남자의 말에 관심을 보이기 시작한다. 궁금한 것이 많은 여성은 이것저것 물어볼 것이다. 그 사람은 어떻게 해서 스타일리스트가 되었는가, 패션 회사를 찾아가 보는 게 좋겠는가, 역시 프랑스로 유학을 가면 감각을 키울 수 있을까 등 대화의 분위기가 무르익다 보면 남자가 자기 이야기를 할 타이밍이 온다. 여성으로부터 다시 만나지는 연락이 오는 것은 당연하다. 그런 좋은 순환이 생겨난다.

인기 있는 사람은 자기 자랑을 늘어놓지 않고 타인의 이야기를 경청한다는 뜻으로 받아들여도 될 것이다.

단, 남의 말을 워낙 잘 들어주고 상대방을 치켜세우는 데 지나치게 능숙한 사람은 자칫 꿍꿍이가 있을 수도 있으니 특히 섦은 여성들은 주의해야 한다. 사기꾼일지도 모르니까. 물론 젊은 여성뿐만 아니라 누구든 마찬가지다. 홀랑 속아 넘어가서 순식간에 통장을 넘겨줄 수도 있으니 조심하자.

거리감은 상대에 따라 달라진다

거리감은 대화뿐만 아니라 인간관계를 원활하게 하는 데도 중요한 요소다.

'거리감'은 쉽게 파악할 수 있는 문제가 아니다. 음악가가 '절대음감'을 터득하듯이 누군가와 만나자마자 '아, 이 사람과의 거리감은 1미터가 가장 적절하다'라고 직감으로 알 수 있다면 얼마나 좋겠는가. 하지만 그런 사람은 아마 온 세상을 뒤져봐도 좀처럼 찾아볼 수 없을 것이다.

누구든지 잠시 이야기를 나눠봐야 상대방과 어느 정도의 거리감을 유지하면 좋을지 알 수 있는 법이다.

30년 넘게 인터뷰를 해오면서 사람을 상대하는 데 베테랑이라 할 수 있는 나조차 상대와 1시간 30분에서 2시간 정도 이야기를 나눈 후에 비로소 '아, 재미있는 사람이구나', '쉽게 친해질 수 있는 사람이야'라고 실감하는 경우가 많다. 하지만 그 상대방과의 거리감이 과연 정확한지 자신 있게 말할 수는 없다.

'왠지 말하기 편하다'고 생각해서 분위기를 틈타 단숨에 거리를 좁혀봤는데 오히려 대화가 순식간에 어색해진 경우도 있다. 처음 만났을 때 엄청나게 의기투합한 기억이 있어서 두 번째 만남에서는 친한 사이처럼 이야기할 수 있겠다고 기대했다가 실패한 적도 있다.

어떤 대담에서 만난 여성과 열띠게 이야기하던 도중 같은 친구를 두었다는 사실을 알게 되었다. 그래서 "다음에 꼭 그녀도 불러서 셋이 함께 밥 먹어요!"라고 약속했고, 얼마 후 식당에서 셋이 만났다. 친구와 맛있는 음식을 먹으면서 수다를 떠는 즐거운 술자리. 나는 여느 때처럼 기쁜 나머지 술기운도 적당히 오른 상태에서 쉴 새 없이 떠들어대며 모임 분위기가 최고조에 달했다. 하지만 어느 순간부터 대담에서 만난 여성의 태도가 달라졌다는 사실을 깨달았다.

그녀는 왠지 말이 별로 없었다. 기분 안 좋은 일이 있었나? 그런 분위기가 흐르는 상태로 모임이 끝나고 각자 헤어졌다. 집으로 가는 길에 나는 너무 많이 떠들었나 하고 깨달았다.

아마도 추측이시만 그녀는 이렇게 생각하지 않았을까?

'대담 자리에서는 그렇게나 내 이야기에 귀를 기울이고 온화하게 질문을 던지더니 사적인 자리에서는 완전 자기 위주로 떠들어대네. 이런 사람인 줄은 몰랐어. 조금 기세에 눌리니 뒤로 물러나야겠다.'

그렇게 나에 대한 인상이 완전히 달라진 충격으로 흥이 오르지 않았던 것이 아닐까 상상해본다.

한 번 만나고 친해졌다고 착각해서 두 번째 만났을 때 급격하게 거리를 좁히면 상대는 그 2배로 거리를 둘 수 있다.

반성하는 마음을 담아서 말하건대, 마음속으로 어느 정도 거리를 좁히고 싶더라도 그 마음을 조금 가라앉히고 최소한 말투만큼은 공손하게 쓰도록 유의하자. 아무리 친근하게 다가와도 공손하게 말하면 부담감이 덜할 수 있다. 하물며 그렇게 공손한 말과 태도로 다가오는 사람이 자기보다 나이와 지위가 높을 경우에는 황송한 마음까지 들 것이다. 나를 이토록 소중하게 여기는구나 하고 자신의 마음도 다잡을 것이다.

분위기를 바꿔서 거리감을 좁힌다

그와 반대로 줄곧 딱딱한 존댓말로 하던 사람이 갑자기 반말을 했을 때 순식간에 그 자리의 분위기가 누그러질 수도 있다.

〈비트 다케시의 TV 태클〉에 가끔 출연하는 경제평론가 가도쿠라 다카시 씨의 첫인상은 겉보기에는 매우 성실해 보이면서도 기가 조금 약해 보여서 귀여운 인상이었다. 발언할 때도 다른 사람을 날카롭게 쳐다보지도 않고 눈을 살짝 내리뜨며 작은 목소리로 자기 의견을 조심조심 끼워 넣는 듯한 느낌이었다. TV 출연으로 긴장한 것일 수도 있겠다 싶어서 진행자인 내가 주제에 대해 의견을 먼저 물었다.

"가도쿠라 씨는 어떠세요?"

그러자 그는 성실하기 짝이 없는 어조로 담담하게 대답했다.

"아, 그건 말이죠. 애초에 문제의 본질이……."

그의 말을 듣고 내가 다시 한마디 덧붙였다.

"다시 말해 세계 경제가 상당히 위기 상황에 놓였다는 뜻인가요?"

예를 든 것이지만 그런 느낌의 질문을 던졌더니 가도쿠라 씨가 말했다.

"맞아, 그거야."

그가 느닷없이 반말을 한 것이다. 깜짝 놀란 사람은 나뿐만이 아니었다. 가도쿠라 씨의 발언을 들은 다른 평론가도 "가도쿠라, 무슨 일이야?"라며 무심코 지적했을 정도다.

"네?"

가도구라 씨는 무슨 일이 일어났는지 눈치채지 못한 채 어리둥절해하면서 쑥스러운 듯 미소를 지었다. 아마 무심결에 튀어나온 듯했다. 그 순간 프로그램 안에서 가도쿠라 씨에게 느껴졌던 거리감이 단번에 줄어들었다. 이런 식으로 거리감을 좁히는 방법도 있다. 물론 이는 의도하지 않아야 빛을 발한다.

의견이 맞지 않을 때는 시간 두기

상대와 의견이 맞지 않으면 감정적으로 변하기 쉽다.
그래서 관계에는 때로 거리 두기와 시간이 필요하다.

거리를 좁히려고 하는 것도 중요하지만 때로는 과감하게 거리를 두어야 하는 경우도 있다. 예를 들면 최근 들어 관계가 서먹해졌다고 느끼거나 상대방에게 할 말을 제대로 해야만 하는 상황에 맞닥뜨렸을 때 잠시 시간을 가지고 거리를 두어야겠다고 생각할 수 있다.

물론 의견이 맞지 않거나 상대방을 엄하게 꾸짖거나 또는 반대로 내가 혼났을 때는 아무래도 말투가 과격해지기 마련이다. 미국인들이 주로 그러듯이, 애초에 인간은 서로 의견과 삶, 성장 과정이 저마다 다르다는 것을 전제로 설령 공감하지 못하더라도 아무렇지 않게 지낼 수 있다면 상관없다. 아무튼 일본 사람들은 대체로 상대방과 의견이 맞지 않으면 자신도 모르게 감정적인 태도를 보이게 마련이다.

〈비트 다케시의 TV 태클〉의 녹화 현장에서는 의견이 다른 사람들이 서로 격렬하게 언쟁해야 프로그램 분위기가 살아나서 좋은 일이다. 하지만 평소에 친구나 가족, 업무 상대와 서먹한 관계를 맺고 싶지는 않을 것이다. 그렇다면 그런 서먹해진 관계나 찜찜한 기분을 어떤 식으로 회복해야 할까? 그럴 때 나는 의도적으로 거리를 두려고 한다.

더 이상 언쟁을 계속했다가는 안 좋은 일이 일어날 것 같으면 그 자리를 슬쩍 벗어나거나 연락하는 횟수를 줄여본다.

한동안 연락을 끊고 지내다 오랜만에 다시 만나면 무엇 때문에 서먹해졌는지 기억나지 않을 정도로 '뭐야, 좋은 사람이잖아'라며 상대방의 매력적인 부분만 되살아나기도 한다. 그러기 위해서라도 잠시 거리를 두는 것이 중요하다.

거리감을 조절하는 대화법

부모가 존댓말로 종종 아이를 혼내는 것을 본 적이 있는가? 그것도 일종의 거리 조절이다.

"안 돼! 만지면 안 돼. 안 된다니까, 정말!"

몇 번을 혼내도 말을 듣지 않는 아이에게 부모가 단호한 목소리로 말한다.

"왜 엄마가 하는 말을 안 듣는 건가요? 다른 사람한테 민폐를 끼치잖아요!"

부모가 존댓말을 쓰자마자 아이는 '이거 심상치 않은데?' 하고 깜짝 놀랄 것이다. 늘 다정하게 말을 건네던 아빠와 엄마가 남을 대하듯이 격식을 차린 투로 말하면 진심으로 화났다고 깨달을 것이다. 말을 구분해서 사용하는 것을 보고 거리감을 측정할 수 있는 일례다.

아이를 상대할 때가 아니더라도 평소 친근하게 말을 건네던 사람이 갑자기 존댓말을 쓰기 시작하거나 냉담한 태도를 보였을 때는 '아, 이 사람은 나와 거리를 두고 싶은가 보다'라고 추측하는 것이 현명하다.

13

눈치 없는 사람의 소통력

너무 눈치가 없으면 상처 주는 말을 할 수 있고

너무 조심하면 아무 말도 하지 못하게 된다.

그 자리의 분위기를 파악하지 못하는 사람을 '눈치 제로(0)'라고 표현한다. 그리고 '눈치 없는 사람'은 대체로 성가시고 귀찮은 존재로 여겨지기 쉽다. 그러나 한편으로는 '소통 능력'을 지나치게 강조하는 경향도 있다. 적극적으로 나서서 말하는 사람을 배척하면서 동시에 소통 능력은 더 강하게 요구한다는 것이다.

극작가 히라타 오리자 씨를 만났을 때 그런 이야기를 물어본 적이 있다. 그는 자신의 책 《서로 이해하지 못하는 것에서부터 – 소통 능력이란 무엇인가》에도 적었듯이, 입사 면접시험에서 '당신은 소통 능력에 관하여 어떻게 생각합니까?', '이 회사에 들어오면 어떤 소통 능력을 발휘할 생각입니까?'라고 질문하는 경우가 많아서 취업 준비를 하고 있는 청년들은 모두 '소통 능력'을 익히기 위한 훈련을 미리 해둔다고 한다.

그리고 청년들은 마침내 험난한 관문을 통과해서 무사히 회사원이 되고 소통 능력을 한층 더 발휘하여 업무에 힘쓰겠다고 의욕을 불태운다. 회의 자리에서 자신의 의견을 확실히 전하고 다른 사원이나 상사의 의견에도 귀를 기울이며 원만한 관계를 구축하려고 노력한다. 그런데 회의가 끝나고 회의실을 나서는 순간 직속 상사에게 따끔한 충고를 듣게 된다.

"상사들이 한데 모인 자리에서 신입사원이 그렇게 나서면 쓰나. 왜 그렇게 분위기 파악을 못 하나?"

입사할 때는 소통 능력을 충분히 발휘해달라고 했으면서, 자기 의견을 말하면 너무 나선다고 하니 혼란스럽다. 도대체 소통 능력이란 무엇인가? 가급적 입을 다물고 있으라는 뜻인가?

히라타 씨는 이것이 일본의 현재 상황이며 막무가내로 소통 능력을 연마하라고 요구한들 현실 사회에서는 완전히 어긋난다고 말한다. 과연 적극적으로 넉살 좋게 말하는 사람은 대체로 눈치 없는 사람 취급을 당하는 것인가. 그래서 더욱더 일본인들은 가만히 있는 것인지도 모른다.

'여기에서 그런 말을 해?'라고 주위의 눈총을 받는 사람들이 종종 있을 것이다. 실제로 그런 발언이 심각한 문제를 일으키는 경우도 없지는 않다. 다른 사람의 기분을 부주의하게 건드리거나 그 자리의 분위기를 망치기도 한다. 또는 결과적으로 남에게 상처를 줄 수도 있다. 하지만 그런 실수를 지나치게 두려워하면 정말 아무 말도 하지 못하게 된다.

그런 의미에서 나는 '눈치 제로 부류' 중 한 명일 수도 있다. 워낙 말이 많으니까. 나는 생각한 것을 바로 입 밖에 내버리는 편이다. 말하는 데 있어서는 인내심이 부족하다. 그러고 보면 눈치 제로가 확실한 듯하다.

소통이 지나친 것도 문제

예전에 TV 방송국의 높으신 분들과 대형 광고주 회사의 높으신 분들과 식사 모임에 동석한 적이 있다. 기업의 대표가 말수는 적어도 매우 스스럼없는 분이었기에 처음에는 긴장했지만 와인과 맛있는 음식을 먹는 동안 기분이 누그러졌다. 그때 기업 대표가 불쑥 말했다.

"그 프로그램에 투자하고 있는데 어쩐지 비용 대비 효과가 신통치 않단 말이죠."

절대 나무라는 말투가 아니었다. 짐짓 능청을 떠는 듯한 모습으로 아무렇지 않게 말했다. 그래서 나는 그만 이렇게 내뱉고 말았다.

"사장님! 요즘 시대에 TV에서 비용 대비 효과를 바라봤자 소용없어요.”

　TV 시청률을 높이려고 안간힘을 쓰면서 상품이 팔리기만을 바라는 시대는 끝났다. 그보다 광고주는 제작하는 사람들이 TV 프로그램 자체를 더욱 재미있게 만들고 즐겁게 일할 수 있는 현장을 만드는 데 중점을 두고 투자해주기 바란다는 의도로 주제넘지만 내 의견을 말했다. 순식간에 그 자리의 분위기가 얼어붙었다. 그러자 방송국의 높으신 두 분이 나를 힐끗 돌아보며 한마디했다.

　“이런 자리에서 그런 말은 삼가지!”

　엄격한 어조로 제지했다. 게다가 그 후 두 번이나 “그런 말은 삼가지!”, “그런 말은 하면 안 돼!”라고 했다.

　말실수를 하고는 ‘이제 해고다. 프로그램에서 하차하겠구나’라고 생각했다. 이런 것을 눈치 제로라고 한다.

　다행히 프로그램에서 하차하지는 않았지만 정말 진심으로 반성했던 순간이었다. 그리고 한동안이기는 하지만 조금 말수가 줄어들었다.

　하지만 상하 관계가 확실한 사람들이 모이는 식사 자리나 미팅, 또는 회의 등에서는 아무래도 아랫사람은 과묵해지고 윗사람이나 스타 같은 존재, 또는 목소리가 큰 사람의 독무대가 되기 쉽다. 그 회식 자리에서 광고주 기업 대표가 오히려 과묵한 편이었기 때문에 혼자 떠들어댄 것은 아니다. 하지만 그래도 동석한 사람들은 누구나 대표를 무엇보다 신경 쓰며 대화를 진행하려고 하는 분위기를 뼈저리게 느꼈다.

아무래도 나는 그런 암묵적인 상하 관계를 지나치게 살피는 자리에 있는 것 자체가 거북한 나머지 나도 모르게 분위기를 바꾸고 싶은 충동에 사로잡혀서 어설프게 나서고 말았던 것이다. 결국 부주의한 발언으로 결례를 저지른 것을 인정한다.

14

단 한 명도 소외되지 않는 자리

상하 지위가 분명한 자리, 격식을 갖춘 자리에서
가장 어린 사람에게 말을 걸면 대화의 봇물이 터진다.

꽤 오래전 〈정보 데스크 투데이〉라는 심야 TV 프로그램의 진행을 맡은 적이 있다. 메인 캐스터는 전 요미우리신문의 경제부 기자 아키모토 히데오 씨였는데 해설자로도 유명한 분이었다.

생방송이 끝난 후 피드백을 하는 시간을 가졌다. 출연자와 스태프가 대기실에 모여 맥주를 주고받으며 아쉬운 점이나 개선해야 할 점 등에 대해 감상 겸 잡담을 나누는 자리였다. 정리를 끝낸 젊은 조연출도 대기실 구석에 걸터앉아서 상사들의 말에 귀를 기울였다. 당시만 해도 상사들이 모두 남아 있는데 말단 직원이 먼저 퇴근하는 분위기는 아니었다.

말단 직원은 상사의 말에 오로지 귀를 기울일 뿐이다. 주로 떠드는 사람은 아키모토 씨와 메인 PD, 나머지는 나를 비롯한 진행자 정도였다. 나머지 10여 명의 디렉터와 말단 직원은 대화에 끼어들 용기와 기력도 없이 속으로는 '빨리 집에 가고 싶다'고 생각하며 계속 가만히 앉아 끝나기만을 기다렸을 것이다.

가장 말이 없는 사람에게 말 걸기

그런 분위기 속에서 갑자기 공동 진행자였던 잇케이 씨가 대기실의 맨 구석에 쭈그리고 앉아 있던, 프로그램에 배정된 지 얼마 안 된 신입 조연출, 즉 프로그램 안에서 가장 아랫사람에게 말을 걸었다.

"자네, 이름이 뭐였더라?"

느닷없이 질문을 받은 신입은 등을 똑바로 펴고 이름을 말했다.

"오늘 배정받은 ○○입니다!"

"그래? 오늘 프로그램 어땠어?"

신입은 곧바로 말하지 못하고 머뭇거렸다. 눈에 들어오는 것은 온통 선배들뿐이었다. 그런 자리에서 자신의 감상을 말할 수 없다며 망설이는 표정이었다. 그러자 잇케이 씨가 물었다.

"자네, 얼굴색이 안 좋은데? 도시락 먹었어? 뭐야, 아직 안 먹은 거야?"

신입 조연출은 송구스러워서 거의 쓰러질 지경이었다. 그러자 갑자기 여기저기서 웃음이 터져 나왔다.

"괜찮으니까 여기서 먹어. 뭣하면 두 개 들고 퇴근해!"

잇케이 씨가 이렇게 말하자 다른 젊은 스태프가 참견했다.

"이 녀석 점심 도시락은 이미 두 개나 먹었어요."

또 웃음이 터져 나왔다. 그리고 그때까지 침묵을 지키던 사람들이 여기저기서 떠들기 시작했고, 지위 고하를 막론하고 자유롭게 말을 주고받는 분위기가 되었다. 높은 사람들의 목소리만 들리던 실내에 다양한 목소리가 겹치며 대화에 활기가 생겼다.

나중에 이 기적적인 현상에 관하여 잇케이 씨에게 물어봤다.

"어떻게 그런 일이 가능했을까요?"

잇케이 씨가 알려주었다.

"대체로 상하 관계가 뒤섞인 자리에서 말단은 아무 말도 하지 못해 대화가 일직선으로 흐르고 말지. 그럴 때는 그 모임 안에서 가장 젊거나 눈에 띄지 않는 사람에게 말을 거는 거야. 그렇게 하면 자연스럽게 중간층이 움직이기 시작해."

마치 화학반응과도 같은 이 방법을 그 후 어떤 격식 있는 자리에서도 떠올리며 최대한 실천하려고 한다. 물론 효과 만점인 것은 확실하다.

15

단 1분이라도 대화의 지분을 챙긴다

여러 사람이 모인 자리에서는 대화가 어느 한쪽에 치우치기보다

골고루 발언 기회를 갖는 것이 중요하다.

격식을 차린 자리는 아니었지만 지금까지 가장 긴장했던 식사 자리가 있었다. 아버지가 어떤 이유로 어느 왕실의 왕과 왕비를 레스토랑에 모시게 되었다. 혼자서는 감당하기 힘들 것 같았는지 아버지가 동반자로 어머니뿐만 아니라 딸인 나와 다른 친한 친구들까지 불러 모아서 총 8명의 연회가 마련되었다. 긴 테이블에 4명씩 나란히 마주 보는 자리였는데 왕과 왕비는 맨 안쪽에 마주 보고 앉았다.

먼저 아버지가 직접 만든 드라이 마티니로 건배했다. 사실 그 자리는 아버지가 특별한 잔에 드라이 마티니를 만들어 마시는 것을 좋아한다고 쓴 글을 왕이 보게 되면서 성사된 것이었다.

"아가와 씨가 만든 드라이 마티니를 한번 마셔보고 싶군요."

왕의 이 말을 전해 들은 아버지는 차마 누추한 우리 집에 모실 수 없어 친분이 있는 레스토랑의 별실을 예약했다.

나는 들러리랄까, 아버지가 곤란한 상황에 처했을 때 돕는 조수라는 각오로 임할 생각이기는 했으나 입을 다물고 밥만 먹어야 한다는 것은 이해할 수 없었다. 그렇다고 해서 적극적으로 화젯거리를 꺼낼 수도 없었다. 은근슬쩍 자연스럽게, 그러나 실수하지 않도록 쓸데없는 말은 하지 않고 미소를 잃지 않으면서 있는 힘껏 내숭 떠는 딸을 연기했다.

나뿐만 아니라 어머니와 다른 참석자들도 같은 마음이었을 것이다. 위압감은 없었지만 자유분방하게 잡담할 수 있는 분위기도 아니었다. 누군가가 말하면 필연적으로 귀를 기울여서 빙긋 웃으며 고개를 끄덕인다. 그리고 천천히 잔을 기울이며 아무렇지 않게 포크와 나이프를 움직여서 짐짓 우아하게 요리를 입으로 가져간다. 그 과정을 반복할 수밖에 없었다.

시간이 지나자 나는 한 가지 사실을 깨달을 수 있었다.

왕이 맞은편에 있는 세 사람에게 말을 걸면 어느 틈에 왕비도 맞은편에 있는 세 사람에게 말을 걸었다. 그러다 어느 순간 화제가 바뀌어 왕이 또다시 세 사람에게 시선을 돌리자마자 자연스럽게 왕비도 세 사람을 향해 말을 걸었다.

즉, 왕과 왕비가 번갈아가며 서로 맞은편 대각선 방향으로 말을 건넨 덕분에 그 누구도 대화에서 소외되지 않았다. 그것도 매우 자연스럽게 골고루. 또한 직접 화제를 제공하기도 하고 일방적으로 말하는 것이 아니라 상대방의 말에 친절하게 귀를 기울이며 즐겁게 반응해주는 게 아닌가.

그 모습을 발견하고 '이것이 바로 왕실의 교육이라는 건가?' 하는 생각을 했다. 나는 그 훌륭한 대화 기술의 묘미에 감동하고 말았다.

왕과 왕비의 말하는 기술

일반적으로 많은 사람들이 모인 연회 자리에서 이런 식으로 여러 사람이 골고루 발언하며 대화가 이어지는 경우는 좀처럼 드물다. 아무래도 목소리가 큰 사람이나 그 모임에서 가장 훌륭한 사람, 또는 지위가 높은 사람이나 나처럼 지나치게 떠드는 사람을 중심으로 대화가 진행되게 마련이다. 심지어 한마디도 하지 않고 그 자리를 떠나는 사람도 있다.

물론 '나는 내가 말하는 것보다 남의 이야기를 듣는 게 좋아' 라고 하는 사람도 있을 것이다. 그러나 그렇다고 해도 극히 일부에게만 대화가 치중되는 것은 아름다운 모습이 아니다.

나는 왕과 왕비의 방법을 참고해 한 가지 방책을 생각해냈다. 즉, 말수가 많지 않아 보이는 사람을 최대한 한가운데 앉히고 목소리가 크고 잘 떠들 것 같은 사람은 테이블의 가장자리에 앉힌다. 그렇게 하면 말수가 적은 사람은 적극적으로 말하지 않아도 양쪽에서 들려오는 이야기를 받아들이면서 때때로 끼어들 타이밍을 잡을 수 있다.

주최자를 맡은 사람이 먼저 그렇게 좌석 배치를 해보고, 그래도 발언 횟수가 한쪽으로 치우친다면 가장 말이 없는 사람에게 반강제적으로 자기소개나 근황 이야기를 시켜보는 것은 어떨까?

대화가 한쪽으로 격하게 치우쳤을 때 모든 참가자에게 한 명씩 짧은 스피치를 시켜본 적이 있는데 매우 효과적이었다. 스피치를 싫어하는 사람도 1분 정도 혼자 말하는 것은 어렵지 않을 것이다.

말하는 즐거움이 가득한 자리

작가 이주인 시즈카 씨가 주최한 작은 골프대회에 참석한 적이 있다. 친한 소설가 외에 광고 대행사, TV 방송국, 출판사에서 일하는 사람 등 직종과 나이도 다양한 50대 이상의 남성들이 모였다.

이주인 씨가 그들과 어디에서 언제 친해졌는지 알 수 없지만 아마 처음에는 업무 관계로 알고 지냈을 것이라고 짐작했다.

이주인 씨는 몸집이 큰 데다 목소리가 우렁차고 골프 실력도 수준급이며 재미있게 이야기하는 재주까지 있었다. 그런 그는 어딜 가나 스타였다. 모두가 형님 같은 이주인 씨의 '어른의 방식'을 듣고 싶어 했다. 그래서 어떤 모임에서 우연히 만나더라도 대체로 이주인 씨의 이야기를 주위 사람들이 경청하며 웃음소리가 터져 나온다. 그런 모습이 내게는 익숙했다.

그런데 골프대회에 모인 사람들은 누구나 옆사람과의 잡담에 열중했다. 이주인 씨가 무슨 이야기를 시작하든 아무도 입을 다물려고 하지 않았다. 이주인 씨가 큰 목소리로 재미있는 이야기를 하는데 제대로 듣는 사람이 없었다. 그 모습을 보고 나는 웃음이 터져 나왔다.

"왜 웃어?"

이주인 씨의 물음에 나는 웃으며 대답했다.

"아니, 아무도 이주인 씨의 말을 듣지 않잖아요. 이런 모임은 처음이에요."

그러자 이주인 씨도 웃기 시작했다.

"진밀이야. 이 사람들 진짜 제멋대로야. 아무도 내 이야기를 안 듣거든. 무례하기 짝이 없는 모임이라고!"

그렇게 말하면서도 이주인 씨는 그들과의 이런 분위기를 몹시 마음에 들어 하는 모습이었다. 나이나 지위에 상관없이 자유분방하게 여기저기서 마음대로 대화가 시작되는 모임만큼 즐거운 것은 없다는 사실을 그때 처음 깨달았다.

어떤 한 사람, 또는 몇몇이 중심이 되어 이야기를 이끌기보다, 누구나 편하게 말을 꺼낼 수 있는 분위기가 더욱 즐거운 법이다. 한 사람의 이야기만 계속 이어지면 나머지는 어느새 듣기만 하게 된다.

여러 사람이 모인 자리에서는 누구 하나 대화에서 소외되어서는 안 된다. 여기저기서 자연스럽게 말이 오가야 분위기가 전체적으로 살아나고 모든 사람이 주인공이 될 수 있다.

16

절묘하게 받아치려면 잘 들어야 한다

상대의 말을 주의 깊게 듣다가 멋지게 받아치면

대화의 포문이 단숨에 열린다.

이주인 씨의 소개로 친해진 나가토모 게이스케 씨와 '……라고 하면'을 반복하며 '끝말잇기식 화제 배틀'을 했던 이야기는 앞에서 설명했다. 나가토모 씨와는 화제가 끊이지 않을 뿐만 아니라 서로 맞받아치는 일도 빈번했다.

나가토모 씨는 오사카 토박이어서 맞받아치기는 특기일 수 있다. 그런데 서로 맞받아친나기보다 전직으로 내가 당한 적이 있다. 이것도 골프장에서 있었던 일이다. 9홀을 끝내고 점심시간이 되었다. 함께 라운딩한 나가토모 씨와 나, 출판사 관계자 두 분이 4인용 테이블에 함께 앉았다.

참고로 나는 추운 한겨울에 골프를 치면 점심 식사 때 따끈하게 데운 사케를 종종 주문한다. 차갑게 식은 몸이 따끈한 청주로

서서히 따뜻해져서 정말 좋다. 언제부터인가 맛을 들여서 그날도 사케를 주문했다.

그러자 출판사 관계자 중 한 분이 물었다.

"아가와 씨는 술을 좋아하시는군요. 술이 센가요?"

"세지는 않은데 좋아해요."

"어떤 술을 가장 좋아합니까? 사케?"

"아니요. 저는 밥 먹을 때 반주로 마시는 걸 좋아해서 그때그때 요리에 따라 선택해요. 일식을 먹을 때는 사케나 일본 소주를 마시고, 양식을 먹을 때는 와인을 마시죠. 중화요리를 먹을 때는 샤오싱주(소흥주)를 선택한달까요?"

그러자 그때 웨이터가 주문한 음식을 가지고 왔다.

"많이 기다리셨습니다. 마파두부 정식 시키신 분?"

"네, 저요."

내가 마파두부 정식이 담긴 쟁반을 받아 들자 나가토모 씨가 내 쪽으로 고개를 쭉 빼더니 한마디 중얼거렸다.

"오호, 마파두부 정식에 사케를 마시다니? 말과 행동이 다르잖아."

그 절묘한 지적에 그때까지 폼 잡으며 술 이야기를 하던 내 체면은 말이 아니었다. 하지만 그와 동시에 조금 어려워하던 출판사 관계자들이 큰 웃음을 터트렸고 단숨에 그 자리의 분위기가 부드럽게 바뀌었다. 나가토모 씨의 지적 덕택이라고 고마워하지 않을 수 없었다.

어떤 화제를 선택할 것인가도 중요하지만 상대방의 말에 절묘하게 끼어들어 맞받아칠 수 있다면 거기서 또 단숨에 서로의 거리가 줄어드는 법이다.

17

접속어가 말을 살린다

접속어 하나가 말을 살리기도 하고 죽이기도 한다.
제대로 사용한 접속어가 대화의 분위기를 살린다.

사람들과 이야기를 주고받을 때 대화의 첫머리에 어떤 접속어를 붙일 것인가는 사람마다 천차만별이다. 참고로 나는 인터뷰 중에 '그런데'를 서두에 붙여서 대화를 진행하는 나쁜 버릇이 있다. 조심하려고 노력하는데 나도 모르게 튀어나오는 것은 어쩔 수 없다.

'그런데'는 원래 '화제를 앞의 내용과 관련시키면서 다른 방향으로 이끌어나갈 때' 사용하는 접속사다. 그래서 내가 말했거나 또는 상대에게 들은 이야기의 내용과 반대되는 말을 하고 싶을 때 사용해야 한다.

'그런데'라는 접속사를 사용하는 정확한 방법은 다음과 같다.
"어제 지갑을 잃어버렸어."

“어머나, 그거 큰일이네.”

“그런데 안에 동전뿐이라 큰 피해는 없었어.”

“불행 중 다행이구나.”

“그런데 그 지갑이 브랜드 제품이라서 비싼 거였어. 너무 속상해.”

“그런데 지갑을 사준 사람은 남편이잖아?”

“그런데 소유자는 나란 말이야!”

하지만 나는 대화를 나누면서 반드시 반대되는 말을 하려고 ‘그런데’를 사용하는 경우는 거의 없다. 이를테면 상대방이 “한참 망설였는데 드디어 이사할 곳을 정했어”라고 말했을 때 나는 이렇게 맞받아친다.

“그런데 대형견도 함께 지낼 수 있잖아. 넌 반려견이 네 목숨과도 같으니까.”

이 상황에서 나온 ‘그런데’에는 반대 의견을 말하고자 하는 의도가 없다.

또는 대담에 참석한 게스트가 이렇게 말했다.

“대학교를 졸업한 뒤 한동안 일도 하지 않고 빈둥거리다가 극단에 들어간 게 거의 서른이 다 되었을 때였습니다.”

“그런데 그 영화가 크게 히트한 것은 서른두 살 때잖아요?”

이것도 ‘그런데’를 쓰기에는 조금 무리가 있다.

다시 말해 나는 상대방이 말하는 포인트에서 화제를 살짝 바꾸려고 할 때 '그런데'를 사용하는 경향이 있다. 그다지 의식하지 않았는데 어느 날 내가 나온 TV 프로그램을 보다가 깨달았다. '그런데'를 너무 자주 사용하는 게 아닌가! 게다가 반대되는 의견이나 질문을 하려는 의미가 아닌데도 말이다.

'그런데'를 지나치게 사용해서 딱히 혼난 적은 없지만 똑같은 접속사를 너무 많이 사용하는 것은 그리 좋은 말습관이 아니다. 그런데 말습관은 좀처럼 스스로 깨닫기 어려운 법이다.

대화의 맥을 끊는 접속어

대화를 시작할 때 '그것보다', '그게 아니라', '아니' 등의 말을 자주 사용하는 사람이 있다. 분명 상대방의 말을 부정하려는 의도는 없고, 단지 '내 의견을 하나만 더 추가하고 싶다'는 정도로 그런 접속어를 내뱉을 것이다.

하지만 상대방은 '그것보다'라는 말이 나오면 이제부터 내 발언과는 상반되는 말을 하겠구나 싶어 살짝 긴장하고 들어보지만 반대 의견은 전혀 나오지 않는다. 결국은 자신과 같은 이야기가 나오면 오히려 기분이 상할 수도 있다. 그런 경험을 해본 적이 있지 않은가?

'그러니까'라는 접속사를 버릇처럼 쓰는 사람도 종종 있다. 내가 실컷 말하고 나서 '그러니까'라는 말이 이어지면 '아까도 말했던가?' 하고 뜨끔해진다.

내 입장에서는 '그러니까'라고 하면 '아까도 말했잖아!'라고 마치 질책하는 것처럼 받아들이게 된다. 그러나 이 말을 한 사람도 결코 질책할 생각은 없을 것이다. 오히려 '결국은', '즉'과 같은 의미로 말한 것에 지나지 않는다. 하지만 그 말을 들은 사람은 불쾌할 수 있다.

자신도 모르게 습관처럼 사용하는 접속사가 있지 않은지 살펴보고 부적절하다면 고쳐나가는 것이 좋다.

어떤 남성의 말습관 중에 신경 쓰이는 접속어가 있었다. 번번이 '그건 그렇다 치고'라는 말로 시작하는 것이다.

상대방이 기분 좋게 거침없이 이야기를 늘어놓으면 그 말을 듣고 있던 남성은 슬슬 다음 화제로 넘어가고 싶었을 것이다. 그런 타이밍이 되면 늘 '그건 그렇다 치고'라고 말을 꺼내는 버릇이 있었다.

상대방의 입장에서는 지금까지 장황하게 늘어놓은 이야기가 재미없었나 싶기도 하고 의미 없는 이야기를 떠벌리고 있다는 듯 부정당한 기분이 들기 쉽다. 그런 것까지 신경 쓸 필요 없다고 생각하는 사람도 있겠지만, '그건 그렇다 치고'라는 말로 화제가 바뀌면 기세가 꺾인 기분이 들어서 이야기를 이어나갈 의욕이 사라질 수도 있다.

이처럼 말을 시작할 때 사용하는 접속어는 상대를 충분히 배려해서 고르는 것이 중요하다.

한 번쯤 자신이 말을 시작할 때 어떤 버릇이 있는지 친한 사람에게 물어보자. 정작 그 말을 쓰는 사람이 가장 눈치채지 못할 때가 많기 때문이다. 전혀 의도하지 않게 상대의 기분을 해칠 수 있는 말습관은 고치는 것이 좋다. 접속어는 얼마든지 긍정적인 단어로 대체할 수 있기 때문이다.

18
서로의 불행이 위로가 될 때

불행 배틀이라는 말이 있다. 가까운 관계에서는

자신의 불행을 털어놓는 대화가 감정 정화에 도움이 된다.

끝말잇기처럼 이야기가 꼬리에 꼬리를 물고 이어지는 '……라고 하면'과 비슷할 수도 있는데, '자랑을 주고받기'식으로 계속 이어지는 대화 유형이 있다.

누군가가 이렇게 말했다고 하자.

"이아, 졸려. 어제 3시간밖에 못 잤어."

그 말을 듣고 다른 누군가가 이렇게 말한다.

"3시간? 충분히 잤네. 난 밤새워 원고 쓰다가 집에 들러 샤워만 하고 침대에 누울 틈도 없이 출근했어."

그러자 뒤를 이어서 또 다른 사람이 말한다.

"하룻밤 새운 게 뭐 대수라고. 난 3일 동안 거의 못 잤다고."

이런 식으로 서로 잠을 더 못 잤다고 자랑하는 식으로 대화가 확대되어 가는 것이다. 상황이 이렇게 되면 3시간밖에 못 자서 녹초가 된 사람은 입도 뻥긋하지 못하게 된다. 괜히 푸념했다 싶을지도 모르지만, 이 또한 꽤 흥미로운 대화 전개 방식이다.

얼마 전에도 70대 남성분들과 함께 식사를 했는데 한 분이 "난 심장에 스텐트를 2개나 삽입했어"라고 하자 그 즉시 옆자리의 남자분이 자랑하듯이 말했다.

"난 3개야. 내가 이겼어!"

계속해서 이번에는 다른 남자분이 말했다.

"나도 3개. 그런데 요전에 다른 자리에서 스텐트 3개를 삽입했다고 했더니 어떤 사람이 자기는 8개를 삽입했다고 하길래 두 손 들었어."

스텐트 삽입 개수가 자랑거리가 되는 시대가 올 줄은 꿈에도 몰랐다. 심장 질환에 관해 이야기하는데도 그런 식의 대화를 주고받으니 분위기가 몹시 밝았다.

주위 사람이 들으면 이 정도의 병은 아무것도 아니라고 느껴져서 오히려 즐거워진다. 더 나아가 그 병이나 수술, 대처법에 관한 전문적인 이야기까지 확대되어 매우 유익한 대화를 나눌 수 있다.

어느 정도 나이가 들면 병에 관한 이야기는 아무리 시간이 많아도 다 늘어놓지 못할 만큼 차고 넘친다. 병이나 수술 자랑도 흥미로운 화젯거리 중 하나다. 물론 병에 걸리지 않는 것이 가장 좋지만.

혼자서 견디던 불행도 입 밖으로 꺼내는 순간, 이야기가 되고 웃음이 되고, 때로는 위로가 된다. 서툰 자랑처럼 불행을 늘어놓으며, '나 또한 그렇다' 하는 공감대가 형성되어 마음이 조금씩 가벼워진다.

내 마음을 누군가 알아주는 느낌

사주 풀이나 심리 테스트가 이야기 소재로 좋은 이유는

나 자신을 이해받고 싶은 심리 때문이다.

손금에 푹 빠진 사람이 있다. 왜 손금 공부를 시작하게 되었는지 물어보니 싱긋 웃으며 이렇게 말했다.

"이건 말이죠. 알아두면 여성의 손을 자연스럽게 만질 수 있거든요."

꿍꿍이가 무엇이든 간에 여성과 대화를 이어나가거나 자연스럽게 다가갈 때 유용하다고 한다. 여성뿐만 아니라 당연히 남성과 대화 분위기를 띄울 때도 도움이 될 듯하다. 하지만 그 신사는 단칼에 거절했다.

"남자 손금에는 관심 없어요."

확실히 여성은 점에 약하다.

"어디, 손금 한번 봐줄까요?"

그렇게 말하면 딱히 내 취향이 아닌 사람이라도 "어머, 정말요?" 하고 몸을 앞으로 쭉 빼며 손을 내밀 것 같다. 또 상대 남성이 계속 손을 잡고 있어도 딱히 불쾌한 느낌은 들지 않을 것이다. 내 손금을 봐주고 있으니까.

손금까지는 아니더라도 심리 테스트를 하는 것도 다른 사람과 친해지는 데 효과적이다.

나를 알고 싶은 욕구를 채워준다

한동안 내 주변에서 어떤 심리 테스트가 유행했다.

"좋아하는 색은 무엇입니까?"

"으음…… 파란색."

"어떤 파란색입니까? 진한 파란색? 연한 파란색?"

"약간 녹색이 감도는 파란색이랄까?"

"녹색이 감도는 파란색을 왜 좋아합니까? 그 이유를 최대한 구체적으로 3가지를 들어보세요."

"3가지나? 그게 그러니까……."

상대방은 잠시 생각한 후에 말한다.

"산뜻하니까. 투명한 느낌이 들어서. 마음이 넓어지는 것 같아서."

질문하는 사람은 마치 심리학자처럼 상대방의 답을 메모한다. 답이 구체적이지 않을 때는 다시 깊게 파고들어서 질문한다.

"녹색이 감도는 파란색을 보면 어떤 기분이 드나요?"

"녹색이 감도는 파란색을 어디에 사용하고 싶나요?"

이렇게 해서 데이터를 자세히 수집한 끝에 발표한다.

"좋아하는 색은 자신 그 자체, 또는 자신의 모습을 나타냅니다."

즉, 녹색이 감도는 파란색을 좋아하는 사람은 자신이 상쾌하고 투명한 느낌이 들며 마음이 넓은 사람이라고 생각하거나 그런 사람이 되고 싶어 한다는 사실을 알 수 있다.

"아하, 그렇구나."

본인뿐만 아니라 주위 사람들도 그 결과를 듣고 놀란다.

그중에는 '금색'이라고 대답한 사람이 있는데 왜 좋아하는지 물었더니 '화려하다, 가장 강하다, 반짝거린다'라고 대답했다. 즉, 그 사람은 늘 눈에 띄는 존재이고 싶고 듬직하며 반짝거리고 싶어 한다는 것을 알 수 있다.

'검은색을 좋아한다'고 말하는 사람도 있다. 좋아하는 이유는 '어떤 색과도 맞추기 쉽다, 흔들림이 없다, 차분하다'라고 한다. 확실히 늘 차분하고 누구에게나 잘 맞춰주는 사람이어서 충분히 납득할 만했다.

참고로 이 테스트는 이것으로 끝이 아니라 더 이어진다. 2단계로 '좋아하는 동물'에 관하여 '색'과 마찬가지로 '좋아하는 이유를 최대한 구체적으로 3가지'를 이야기하라고 한다. 예를 들어 '개'라고 하면 '커다란 개인가 작은 개인가, 개의 어떤 점을 좋아하는가' 등 개의 사랑스러운 부분과 동작, 외모에 관하여 깊이 파고들어서 질문해보자. '고양이를 좋아한다'고 하는 사람과는 매우 대조적인 이유와 취향을 알 수 있어서 재미있다.

나는 '거북이'라고 대답했고, 이유는 '움직임이 느린 듯하다가도 유사시에는 날렵하다, 재미없어 보여도 사실은 유머러스하다' 등으로 말했다.

이와 같은 심리 테스트 한두 가지를 알아두면 이야깃거리가 생각나지 않거나 시간이 애매하게 남았을 때 주위 사람을 즐겁게 해줄 수 있다.

20

센스 있는 사람의 스토리텔링 전략

머릿속에 위트 있는 에피소드 몇 가지를 준비해두면,

어떤 자리에서도 자연스럽게 말문을 열 수 있다.

심리 테스트나 점이 아니더라도 사소한 에피소드를 알고 있으면 처음 만난 사람과 대화할 때 도움이 된다. 아무래도 해외 에피소드 중에 재미있는 것들이 많은데, 얼마 전에도 아랍 왕이 화제가 되었을 때 나는 사람들 앞에서 이런 이야기를 했다.

"예전에 들은 재미있는 이야기인데, 어느 아랍 왕이 프랑스의 니스로 여행을 떠났어요. 니스 공항에 도착한 첫 번째 비행기에서 아랍 왕이 내리고, 두 번째 비행기에서 부인들이, 세 번째 비행기에서는 아이들이 내렸어요. 네 번째 비행기에서는 하녀와 요리사가 내렸지요. 그 뒤에도 수많은 식료품과 롤스로이스 여러 대, 음악대, 군인들을 태운 비행기가 연달아 도착했어요. 그러자 열 몇 번째 비행기에서는 스키 장비가 내려오더래요. 니스에서 마중 나온 사람들은 깜짝 놀라서 말씀드렸어요. '국왕 전하, 니스에서 스키를 타는 것은 무리입니다.' 그러자 왕이 대답했대요. '다음 비행기로 눈이 도착할 거요'."

내 이야기를 들은 한 남자는 이렇게 말했다.

"그게 전혀 지어낸 이야기만은 아닌 것 같더군요. 석유로 대부호가 된 아랍 왕이 해외에 나갈 때 정말로 그렇게 비행기가 줄지어서 도착했다는 이야기를 들은 적이 있어요."

그러자 대화는 전혀 생각지 못한 전개로 이어졌다. 또 다른 사람이 말했다.

"아랍에 관한 재미있는 이야기가 또 있는데……."

이렇게 이야기가 꼬리에 꼬리를 물고 이어져서 대화 분위기가 한층 더 활발해졌다.

아랍에 관한 에피소드뿐만 아니라 '중국의 옛날이야기'나 '이탈리아 농담', '영국 영어와 미국 영어의 차이에 관한 이야기' 등, '위트 넘치는 에피소드'를 머릿속 서랍에 두세 가지 정도 넣어놓으면 결정적인 순간에 활약할 수 있다. 국제적으로 널리 알려진 이야기뿐만 아니라 자신의 여행 실패담이나 깜짝 놀란 이야기, '믿을 수 없는' 체험담도 반드시 유용하게 쓰일 날이 올 것이다. 또한 그런 이야기를 들려주면 다른 사람들도 머릿속 서랍에서 에피소드를 꺼내 활기차게 대화하는 분위기가 이어진다.

21

위트 있고 세련된 야한 유머

영국에서는 마지막으로 야한 농담이 나오면
그 파티는 성공했다고 말한다.

사람들이 많이 모인 자리에서 야한 농담을 꺼내더라도 비난 받지 않는 분위기가 형성되었다면 그만큼 마음을 터놓게 되었다는 뜻이다.

야한 농담을 꺼내는 타이밍을 포착하기는 어렵지만, 결코 천박하다고 느껴지지 않을 정도로 말할 수 있는 것도 정말 매력적인 일이다.

꽤 오래전에 영화배우 모리시게 히사야 씨가 《슈칸분슌》의 인터뷰에 나온 적이 있다. 인터뷰 장소에 나타난 그는 동행한 사람의 부축을 받으며 지팡이를 짚고 천천히 들어왔다. 의자에 앉아 인터뷰가 시작되었지만 아무래도 불안했다. 양쪽 귀가 모두 어두워서 다른 사람의 말을 알아듣기 힘들다고 했다. 걱정이 된

나는 "보청기를 끼셨나요?"라고 물었다. 나의 물음에 그가 답하는 순간 나는 완전히 긴장이 풀려서 마음이 놓였다.

"네. 보청기를 끼면 밤에 옆방에서 나는 신음 소리까지 잘 들린다니까요."

걸음이 불편하고 귀는 잘 안 들렸지만 그의 유머러스한 말솜씨는 여전했다.

때때로 그는 내 질문을 얼버무리며 넘기거나 놀리기도 했다. 진지한 이야기를 하려고 하면 "연극 이야기만 계속하는데 그래도 괜찮아요? 좀 더 재미있는 이야기를 해요"라고 했다. 좀처럼 내가 묻고 싶은 화제로 넘어갈 수 없었다. 그러던 끝에 그의 입에서 이런 이야기가 나왔다.

"난 배우들한테 파티에 가면 반드시 야한 이야기를 하라고 해요. 그런 이야기를 싫어하는 사람도 없고 잡담하는 요령을 알 수 있으니 꼭 하라고 하지요."

"오호."

"이건 러시아 이야기예요. 니콜라이 2세가 마차 행렬을 이끌고 크렘린을 향해 거리를 쭉 달려갔어요. 그런데 한 남자가 폭탄을 설치했고 그것을 밟은 순간 콰광 하고 터져서 황제가 탄 마차가 산산조각이 나버렸지요."

"네."

"뒤에서 마차를 타고 가던 시종상은 깜짝 놀라서 황제가 타고 있던 마차로 달려갔어요. 그런데 황제의 옥체가 흔적도 없이 어딘가로 날아가 버리고 없었죠. 당황한 시종장이 이리저리 찾아 헤매는데 큰 가로수 옆에 거시기 하나가 덩그러니 떨어져 있었어요. 그것이나마 손수건에 고이 싸서 황후에게 가져가 '여차저차한 불상사가 일어나서 남아 있는 옥체는……' 하고 손수건을 펼쳐서 내밀었더니…….”

“그랬더니요?”

“황후가 말했죠. ‘아니에요, 그건 마부 거예요.’”

나도 모르게 소리를 지르며 박장대소했더니 그는 조금 정색하며, “당신도 이런 이야기를 좋아하는군요”라고 했다. 그의 야한 농담은 정말 품격으로 가득했다.

그는 시와 노래를 읊조리듯이 화려하게 자신의 노래 ‘시레토코 여정’을 부를 때처럼 정서를 담아서 야한 농담을 하는 사람이었다.

금기 사항을 살짝 깨뜨리는 맛

단 후미라는 키가 큰 배우와 예전에 이곳저곳을 함께 여행한 적이 있다. 어느 날 해외로 가는 비행기 안에서 있었던 일이다. 장시간 비행이 지루해서 견디기 힘들 즈음 그녀가 나에게 물었다.

"넌 백인일수(百人一首, 시인 100명이 각각 한 수씩, 총 100수의 와카(일본 전통 시)를 엮은 시집)를 얼마나 알고 있어?"

단 후미는 나와 달리 학구파였다. 자기 집의 화장실에 백인일수의 시를 붙여놓고 여동생과 함께 하루에 한 수씩 외운다고 한다. 그에 비해 교양과는 거리가 먼 나는 백인일수라고 하면 어릴 적 설날 친척집에서 백인일수가 적혀 있는 카드로 카드 찾기나 카드 뒤집기 놀이를 한 기억밖에 없다.

"제대로 아는 게 없어."

퉁명스럽게 내뱉자 단 후미는 신이 나서 말했다.

"그럼 테스트! 이 시를 해석해봐. '만나본 후의 마음에 비한다면 예전의 마음은 아무것도 아니었네.'"

"만나본 후? 이건 만난다는 뜻이야?"

"만난다고 해도 그냥 만나는 게 아니야. 알겠어?"

나는 되새겨 음미하며 생각하고 또 생각한 후에 대답했다.

"섹스한 뒤의 기분과 비교해보면 예전에는 이렇게 기분 좋은 것인 줄 전혀 몰라서 손해를 봤나. 그런 뜻이야?"

내가 대답한 순간 단 후미는 소리를 질렀다.

"넌 어쩜 그렇게 저질스럽게 해석하니? 이 시는 말이야, 지금까지 보고 싶고 또 보고 싶은 마음이 깊었다고 생각했는데 그런 식으로 뜨겁게 만나고 보니 지금까지의 보고 싶었던 마음이 얼마나 얕았는지 뼈저리게 깨달았다는 뜻이야!"

상황만 다를 뿐 내가 말했던 해석이랑 의미상으로는 별다를 게 없었다. 애초에 '만나본 후'라는 말은 '그냥 만나는 것이 아니다'라고 하지 않았는가.

그 여행에서 돌아와 어머니를 만났을 때 물어봤다. 어머니는 대학에서 국문학을 전공했으니 적어도 나보다 백인일수에 훨씬 능통할 것이다.

나는 비행기에서 나눴던 이야기를 들려주고 내 해석도 거리낌없이 말했다.

"뭐 대체로 그런 내용 아니겠니?"

어머니는 간단히 내 해석에 찬성해줬다. 참고로 어머니와 섹스에 관한 이야기를 나눈 것은 전무후무하게 그때 딱 한 번이었고, 그야말로 획기적인 일이었다.

19금을 둘러싼 깊고 지적인 대화

고지식한 단 후미와 이쓰키 히로유키 씨와 함께 영국 런던과 프랑스 파리에 강연 여행을 간 적이 있다. 세 사람에 더해 출판사 관계자까지 동행해주었다. 여행하는 도중 다 함께 잡담하다가 갑자기 이쓰키 씨가 말을 꺼냈다.

"좋아하던 여성을 그런 장소에 데리고 가고 싶을 때 규슈 남자는 수줍음이 많은 탓에 직설적으로 말 못 해요."

“그럼 뭐라고 해요?”

“아무 짓도 안 할게. 괜찮지?”

그렇게 말하고 나서 한 번 숨을 돌린 뒤 한마디를 덧붙였다.

“아무 짓도 안 할 리가 없을 테지만.”

이쓰키 씨가 조금 쑥스러워하며 말하자 옆에 있던 출판사 관계자가 눈을 동그랗게 뜨고 끼어들었다.

“규슈 남자는 그렇게 답답하게 말합니까?”

그는 고치 출신이었다.

“그럼 자네의 지역에서는 뭐라고 하나?”

이쓰키 씨가 물어보자 출판사 관계자가 대답했다.

“저희는 솔직하게 말하죠. 그냥 ‘하고 싶어!’라고.”

그렇게 말하는 바람에 갑자기 야한 농담이 비교문화론적인 지적인 대화가 되었다. 야하면서도 전혀 천박하지 않은 농담만큼 흥미로운 주제가 없을 것이다.

· · ·

처음 꺼내는 한마디가 분위기를 더 단단하게,
또는 더 느슨하게 풀어준다.
낯선 사람에게 건네는 인사 한마디,
엘리베이터 안에서의 짧은 미소,
처음 만난 자리에서의 가벼운 칭찬
모든 처음의 순간을 부드럽게 만드는 말의 힘.
어색한 처음을 좋은 느낌으로 여는 말은 무엇인가?

Part 3

호감은 첫 한마디에서
시작된다

The Beginning of a Conversation

22

쉽게 말하는 것이 말 잘하는 것이다

어려운 말을 늘어놓으면 전달이 잘되지 않는다.

쉽게 풀어서 말하는 사람이 말을 가장 잘하는 사람이다.

지금까지 내가 만난 사람 중에 가장 말을 잘한다고 느낀 사람은 천문학자 마쓰이 다카후미 씨다. 처음 만난 것은 40년쯤 전으로 거슬러 올라간다. 당시 나는 〈정보 데스크 투데이〉라는 프로그램에서 어시스턴트를 맡고 있었다. 마침 핼리혜성이 76년 만에 지구에 접근한다고 해서 일본 전역이 시끌벅적하던 1986년이었다.

갑작스럽게 프로그램에서 핼리혜성을 다루게 되었기에 생방송 중에 전문가를 모시고 설명을 들으려고 기획했지만 좀처럼 시간이 맞는 게스트를 찾을 수 없었다. 겨우 가족과 휴양지에 있던 마쓰이 씨와 연락이 닿아 방송 시간 동안만 잠시 도쿄에 와달라고 부탁했다.

캐주얼한 복장으로 방송국에 달려온 마쓰이 씨와 사전 미팅을 해야 했다. 나도 그 자리에 함께 참석했다. 마쓰이 씨는 핼리혜성에 관해 설명해주었다. 하지만 한정된 생방송 시간 안에 그 정도로 치밀하고 상세한 이야기를 다 할 수 없었다. 그렇다고 전문가인 마쓰이 씨도 대충 말하고 싶지 않았을 것이다.

미팅이 끝날 즈음 나는 과감하게 질문을 던졌다.

"애초에 혜성과 행성과 항성은 어떻게 다른가요?"

마쓰이 씨는 순간 입을 다물었고 잠시 후 천천히 한마디를 내뱉었다.

"아, 그 이야기부터 해야 하는 건가요?"

그러더니 이해했다는 듯이 스튜디오로 향했다.

그리고 생방송이 시작되자 참으로 알기 쉽게 기본적인 지식이 없는 나도 가슴이 설렐 정도로 흥미로운 핼리혜성 이야기를 잔뜩 해주었다.

많이 아는 만큼 쉽게 말할 수 있다

마쓰이 씨를 보면서 정말 머리가 좋은 사람은 상대방의 수준에 맞춰서 쉬운 단어로 이야기할 수 있다는 것을 새삼 깨달았다. 쓸데없이 어려운 말을 사용하거나 전문용어를 꺼내는 사람의 이야기가 왜 이해하기 어렵냐고 묻는다면 분명 본인도 제대로 이해하지 못했기 때문일 것이다. 핼리혜성 이야기보다 설명하는 방법에 감동한 기억이 있다.

2023년 봄, 마쓰이 씨는 가장 좋아하는 우주로 여행을 떠났다. 다시 한 번 만나서 똑같은 질문을 하고 싶다.

"애초에 혜성과 행성과 항성의 차이는 무엇인가요?"

마쓰이 씨는 분명 "아직도 몰라요?" 하고 어이없다는 듯이 호쾌하게 웃을 것이다.

23

친근한 단어를 선택하라

이해하기 쉬운 말과 함께 비유를 써서 설명하면

더욱 친근하게 다가갈 수 있다.

〈정보 데스크 투데이〉의 메인 캐스터는 앞에서도 언급했듯이 아키모토 히데오 씨였다. 그 프로그램은 내가 고정 출연으로 처음 데뷔한 방송이기도 하다.

처음에는 정말 아무것도 모른 채 방송을 시작했다. 프로그램의 시스템은 물론 정치와 경제, 취재하는 방법도 몰랐고, 마이크 앞에서 무슨 말을 하고 어떤 표정을 지어야 할지도 아는 게 전혀 없었다.

그야말로 생초보인 나에게 아키모토 씨는 "일기예보 코너를 맡아서 공부해봐"라고 조언해주었다. 당시에는 기상예보사 자격증이 없어도 신입 아나운서는 누구나 일기예보로 실력을 쌓을 수 있었다.

나는 날마다 기상청에 전화를 걸어 '일본 전국의 기상 상황'이나 '기상도' 등을 받아 그 정보들을 종합해서 내가 담당하는 약 1분 30초짜리 날씨 코너 원고를 작성했다.

원고를 정리하고 나서 스톱워치를 한 손에 들고 소리 내어 읽어봤다. 1분 30초에 딱 맞아떨어지게 연습했지만, 실제로 방송이 시작되면 날씨 코너에 주어진 시간이 매번 바뀌었다. 앞의 토크 코너가 예정보다 길어지거나 속보가 들어오기도 하는데 종료 시간은 정해져 있었다. 그런 경우에는 일기예보에서 시간을 조정할 수밖에 없다. 그날의 상황에 따라 일기예보 시간이 1분이 되거나 40초 정도로 줄어들 때도 있었다.

그렇게 되면 내 코너 직전에 광고가 나가는 동안 원고 내용을 줄여야 했다.

"이 화제는 잘라내고 전국의 기상 상황과 예상 날씨만 전달하자. 기온도 생략하고."

임기응변으로 문안을 변경하는 것도 신입에게는 큰 훈련이 되었다.

어느 날 아키모토 씨가 방송 전에 나에게 질문했다.

"이봐, 자네는 대기가 불안정하다는 말을 자주 쓰던데 그게 무슨 뜻이지?"

"네? 그건…… 대기가…… 안정되지 않다는 뜻이겠죠?"

"그러니까 제대로 설명해봐."

"그게 그러니까, 대기, 대기, 대기는 커다란 공기 덩어리? 아, 커다란 공기 덩어리 2개가 서로 가까워지는데 하나는 따뜻한 공기 덩어리고 다른 하나는 차가운 공기 덩어리라서 성격이 다른 탓에 마음이 맞지 않으니 싸우기 시작하는 겁니다. 난투극이 벌어져서 그 주변의 공기가 빙글빙글 돌기 시작해요. 그렇게 돌면서 상승 기류를 타고 위쪽으로 가면 기압이 낮아져서 공기가 비구름이 되고 비가 내리지요. 그래서 대기가 불안정해지면 얼마 안 있어 비가 내린다는 뜻이 아닐까요?"

어떻게든 머리를 짜내서 대답하자 그분은 이렇게 말했다.

"그렇게 이해하고 있으면 방송에서도 그렇게 말해봐."

하지만 나한테 주어진 시간은 고작 1분 30초였다.

"오늘은 전국적으로 대기가 불안정하겠습니다. 즉, 따뜻한 공기와 차가운 공기가 한곳에서 충돌하는데 성격이 달라서 싸우기 시작하죠. 너 뭐야, 나서지 마. 너야말로 건방져, 나가. 네가 나가. 뭐야? 이런 식으로 난투극이 벌어져서……."

이렇게 말하는 동안 광고 시간이 된다.

"그건 아무래도 할 수 없을 것 같습니다."

무서운 보스에게 혼나고는 어떻게 해야 할지 몹시 난처했다. 아키모토 씨는 나에게 '대기가 불안정하다'라는 말을 왜 제대로 설명하라고 했을까? 그 이유를 나중에 알았다.

정작 잘 알지도 못하면서 잘 아는 척 전문용어를 쓰지 말라는 가르침이었다.

어려운 주제는 쉬운 소재로 풀어라

확실히 '대기가 불안정하다', '서쪽에서부터 쇠퇴', '전선의 정체 경향이 보인다' 등의 말을 사용하면서 제법 그럴듯한 기상예보사가 된 기분이 들었다. 하지만 정말로 각각의 단어가 가진 의미를 이해하고 있을까. 이해한다면 쉬운 말이나 비유로 바꿔 말할 수 있어야 한다. 그렇게 못한다면 이해하지 못하고 있는 것과 같다. 아키모토 씨는 그렇게 말하고 싶었을 것이다. 천문학자 마쓰이 다카후미 씨처럼 말이다.

이는 일기예보의 전문용어에 국한되지 않는다. 어떤 분야든 전문용어나 업계 용어가 있는데 해당 분야에서 일하는 사람들은 긴 설명 없이 서로 잘 이해할 수 있다. 해당 분야의 전문가가 아닌 사람은 제대로 이해하지 않는 한 그런 전문용어를 사용하지 말아야 한다. 하지만 그런 독특한 용어를 사용하면 그 세계에 가까워진 듯한 착각이 든다. 그렇게 되지 않도록 단어 선택을 잘해야 한다는 가르침을 지금도 마음 깊이 새기고 있다.

이해하기 쉬운 말과 함께 비유를 써서 설명하면 더욱 친근하게 다가갈 수 있다. 경제 문제를 설명할 때 야구에 비유해서 이야기하면 갑자기 이해하기 쉬워질 때가 있다.

외교 문제 등은 남녀 간의 문제에 비유하면 '과연 그렇구나' 하고 곧바로 이해된다. '○○국이 지나치게 ○○국과 친하게 지내면 ○○국이 질투해서 이런 수입 규제를 시작하는 것이다'라는 식이다. 어려운 주제도 운동이나 남녀 관계, 동물이나 음식 등 상대방이 흥미를 가지고 있는 세계에 비유해서 이야기하면 빨리 이해할 것이다.

24

엘리베이터 안에서 소통법

모르는 사람과 좀 더 자연스럽게 대화할 수 있는 것이 바로

마음의 여유다. 힘들다면 미소라도 건네보자.

처음 보는 사람과 대화하기 어려운 이유는 무슨 말을 해야 할지 모르기 때문이다. 그런데 낯선 사람끼리 딱히 대화하지 않아도 되는 상황에서는 아예 고민할 필요조차 느끼지 못한다.

예를 들어 엘리베이터 안에 여러 사람이 타고 있다고 하자. 문이 열린 순간 먼저 탄 사람이 있으면 곧바로 눈을 내리뜬다. 문이 닫히고 엘리베이터가 움직이면 이번에는 층수가 표시되는 화면의 움직임을 가만히 눈으로 좇는다. 함께 탄 사람에게 최대한 시선을 돌리지 않으려고 하는 것이 일반적이다.

약간의 친절함과 붙임성이 있는 사람은 본인이 먼저 내릴 때 재빨리 '닫힘' 버튼을 누르고 나가거나 '먼저 실례하겠습니다'라는 의미로 가볍게 눈인사한다. 반대로 본인이 엘리베이터 안에

남게 되는 상황일 때는 다른 사람이 내리는 데 방해되지 않도록 일단 엘리베이터에서 내렸다 다시 타거나, 사람들이 다 내리기 전에 문이 닫히지 않도록 '열림' 버튼을 계속 누르고 있는다. 이 것이 가장 큰 배려다. 하지만 대체로 그러한 성의를 보이면서도 절대 상대방과 눈을 맞추거나 말을 걸지는 않는다.

눈이 마주치면 일단 웃는다

30년 전쯤 미국의 엘리베이터 안에서 겪은 일이다. 낯선 남자와 우연히 엘리베이터에 함께 타게 되었는데 남자는 먼저 타자마자 내 쪽을 가만히 응시하더니 "하이(Hi)" 하고 인사를 건네는 게 아닌가.

나도 얼굴은 굳어 있었지만 웃어 보이며 "하이" 하고 인사했다. 그러고 나서 대화를 나누지는 않았지만, 남자는 먼저 내리며 이렇게 말했다.

"시 유 순(See you soon)!"

그 순간 '나중에 만나자고? 이건 헌팅인가?' 하는 생각에 무심코 긴장했지만 곧 그 말이 단순히 '또 보자'와 같은 가벼운 인사라는 것을 알았다. 그렇다고 해도 두 번 다시 만날 일이 없는 상대에게 '또 보자'고 인사하는 것은 의아하게 여겨졌다.

미국인들은 엘리베이터뿐만 아니라 길을 걸을 때도 스쳐 지나가는 찰나에 시선이 마주치면 '하이'나 '하우 아 유(How are you)?'라고 태연하게 말을 건다. 아는 사이도 아니다. 전혀 모르는 사람이다. 말을 걸지 않더라도 시선이 마주치면 반드시 방긋 웃는다.

어쩜 이렇게 붙임성이 좋을까 하고 감동한 나머지 일본에 돌아와서 나도 실천해보려고 노력했지만 일찌감치 그만두었다.

일본에서는 낯선 사람과 그처럼 가벼운 인사를 나누기가 쉽지 않다. 전철을 탔는데 왠지 시선이 느껴져서 고개를 들면 곧바로 시선을 딴 데로 돌리는 경우가 많다. 미국 생활에 완전히 익숙해지고 일본에 돌아왔을 때 처음에는 일본인들이 너무 무뚝뚝하게 느껴졌다.

낯선 사람에게 건네는 칭찬 한마디

한번은 워싱턴 D. C.의 길거리를 납작한 빨간 구두를 신고 걸어갈 때의 일이다. 흑인 노숙자 아저씨가 랩을 하며 리듬에 맞춰 걸으면서 무슨 말인가를 했다. 하지만 그가 나한테 말을 거는 건지 단순히 노래를 부르는 건지 몰라서 대답도 하지 않고 지나가려고 했다. 그러자 뒤에서 "헤이, 헤이!" 하며 나를 불러 세웠다. 깜짝 놀라서 돌아보니 아무래도 나한테 볼일이 있는 것 같아서 "무슨 일이죠?"라고 물었다.

“난 당신 구두를 칭찬했다고(I said I like your red shoes). 그런데 무시하고 그냥 가다니, 어떻게 된 거야? 고맙다는 말 정도는 해야 하는 거 아냐?”

무례했나 싶어서 즉시 “미안합니다. 고마워요”라고 대답했다.

지금도 전철 안에서 멋진 구두를 신은 여성을 보면 그 ‘빨간 구두 사건’이 떠올라서 말을 걸고 싶어진다. 그 아저씨처럼 싹싹하게 ‘그 구두 멋지네요’라고 빙긋 웃으며 말을 걸고 싶은데 도저히 용기가 나지 않는다.

수상한 사람으로 볼까 봐 신경 쓰이는데, 그보다 분명히 상대방이 놀랄 것이다. 낯선 사람에게 말을 거는 데 왜 이리 큰 용기가 필요할까?

그런데 딱 한 번 성공한 적이 있다. 역시 전철 안이었다. 젊은 아기 엄마가 다섯 살쯤 된 여자아이와 함께 자리에 앉았다. 나는 대각선 방향의 자리에 앉아서 두 사람의 모습을 자연스럽게 살펴보니 여자아이는 엄마와 함께 실뜨기를 시작했다. 작은 손가락으로 빨간 실을 모으기도 하고 벌려보기도 했다. 엄마의 손에 걸린 실을 보고 고개를 갸웃하며 어떻게 할지 고민했다. 그 모습이 얼마나 사랑스럽던지 나도 모르게 미소를 지었다.

마침내 내가 내려야 할 역에 도착했다. 나는 과감하게 두 사람 앞을 지나가면서 살짝 “귀엽네”라고 말을 걸었다. 여자아이는 멍한 표정으로 나를 올려다봤고 엄마는 웃으며 목례했다.

이런 말 한마디를 하는 데도 긴장해서 가슴이 두근두근하다니 정말 한심하기 짝이 없다. 모르는 사람과 좀 더 자연스럽게 대화할 수 있다면 얼마나 즐거울까? 나이가 들어도 여전히 배워야 할 것이 많다.

25

말을 걸기 힘든 시대의 소통법

말하기가 힘들어지면 관계를 맺기도 힘들어진다.

거창한 기술보다 먼저 말을 건네는 용기가 필요하다.

젊은 사람들은 나이 든 세대보다 낯선 사람과 대화하기를 더 어려워하는 듯하다. 그 이유 중 하나는 단연 휴대전화의 영향일 것이다.

예전에는 집 전화가 울려도 상대편의 번호가 표시되지 않았다. 벨이 울리면 누가 전화했는지도 모른 채 수화기를 들고 "여보세요?"라고 묻는다. 막상 받고 보니 가족이면 괜히 점잖은 목소리를 냈다고 후회하며 목소리가 한 옥타브 낮아진다.

그런데 아버지의 업무 관계자일 때도 있어서 처음부터 무뚝뚝하게 받을 수는 없었다. 상대가 모르는 사람이어도 "잠시만 기다리세요"라고 공손히 대응해야 했다.

또는 모르는 사람에게 전화를 걸 때도 많았다. 그럴 때도 결례가 되지 않을 만큼 정중하게 응대해야 한다.

그러나 지금은 휴대전화에 발신자 번호가 표시되고, 내 연락처에 등록한 사람이면 해당 이름이 뜬다. 그래서 모르는 번호가 표시되면 받지 않는 것이 일반적이다. 상대방이 누구든 일단 받고 확인하던 예전과는 다른 모습이다. 나 역시 휴대전화에 익숙해지니 모르는 번호가 표시되면 잠시 전화 받기를 주저할 때가 있다.

생각해보면 휴대전화가 등장하기 전에는 아이들이 전화기로 낯선 사람과 대화하는 훈련을 한 것이나 마찬가지다. 그에 비해 요즘 아이들은 아는 사람하고만 대화하며 자란다. 그렇다 보니 사회에 나가서 "저는 낯을 가려서요"라며 인간관계에 겁먹는 것도 어쩌면 무리는 아니다.

게다가 요즘은 전화를 받지 않을 뿐만 아니라 전화 자체를 잘 쓰지 않는다. 휴대전화로 전화 통화를 하지 않는다는 것이다. 실상 지금의 휴대전화는 전화라는 본연의 기능을 잃은 지 오래다. 사람들은 대부분의 용건을 메일이나 메신저로 해결하는 것이 일반적이다. 그럴수록 점점 더 모르는 사람에게 말을 걸기가 힘들다.

말하는 법을 잃어버린 인류

전화뿐만 아니라 요즘은 거리에서 길을 물어보는 사람도 거의 찾아볼 수 없다. 얼마 전에 젊은 여성 편집자와 목적지로 걸어가고 있는데 아무래도 제대로 찾아가고 있는 것인지 의심스러웠다.

"아마 이쪽 길로 가면 될 것 같아요."

여성 편집자는 오로지 스마트폰의 지도를 주시하며 길을 찾아갔지만 살짝 불안했다. 나는 그만 "아무한테나 물어보는 게 어때?"라고 했다. 그런데 그녀는 걸어가면서 계속 스마트폰만 노려볼 뿐이었다. 그녀의 모습을 보면서 차에라도 치일까 봐 내 마음도 조마조마했다.

그녀는 되도록 다른 사람에게 길을 물어보고 싶지 않다고 했다. 나는 주위를 둘러봤다. 주택가가 이어져서 오가는 사람도 드물었다. 누군가에게 물어보고 싶어도 물어볼 사람이 없어서 나는 동서남북 방향부터 확인했다. 해가 지는 방향이 서쪽이면 이쪽이 남쪽이니까 일단 이쪽 방면으로 가면 되지 않을까? 그런 기세로 걸어가니 여성 편집자가 감탄한 듯한 얼굴로 나를 바라보며 말했다.

"방향을 잘 아시네요. 전 전혀 모르겠어요. 스마트폰이 없으면 모르는 동네는 절대 찾아갈 수 없어요."

요즘 젊은 사람들은 모르는 사람에게 물어보거나 자신의 감

을 믿지 않고 모든 것을 스마트폰에 의지하며 살아갈 수밖에 없
다. 왠지 쓸쓸하기도 하고 한심한 기분이 들었다.

전 세계의 모르는 사람과는 유튜브나 SNS를 통해 관계를 맺
고 싶어 하면서 주위에 있는 낯선 사람에게는 가급적 말을 걸지
않으려고 한다. 이것은 인류의 진화일까, 아니면 퇴화일까?

26

사소한 한마디가 관계의 시작이다

말로 세상이 열린다. 식당이나 카페에 혼자 앉았을 때,

주문보다 먼저 건네는 짧은 인사가 대화를 열어준다.

낯선 사람과 부담 없이 대화하고 싶다고 단언했는데 사실 나는 식당에 가서 혼자 밥 먹는 것을 잘 못 한다. 이제 와서 낯을 가릴 나이도 아닌데 아무래도 혼자 음식점에 들어가려고 하면 몹시 긴장된다.

꽤 오래전의 일인데 낮에 배가 너무 고파서 쓰러질 것만 같았다. 그래서 아무래도 내키지 않았지만 용기를 내서 과감하게 라면집의 문을 열고 들어갔다.

"어서 오세요!"

우렁찬 목소리가 나를 맞아줬다. 손님 중 아무도 내 쪽을 돌아보지 않았는데도 나는 왠지 쳐다보는 것 같아서 엉거주춤한 자세로 겨우 테이블 앞에 앉았다.

"주문하시겠습니까?"

활기찬 점원이 다가와서 말을 걸었다. '빨리 정해야지, 빨리 빨리' 하는 생각으로 가게의 벽에 걸린 메뉴로 얼른 눈길을 돌렸다. 그리고 이내 메뉴를 정하고 점원에게 말했다.

"쇼츄면요."

한순간 점원이 얼굴을 들여다보기에 잠시 후 깨달았다.

"아, 잘못 말했네요. 차슈면요."

순식간에 얼굴이 화끈거리고 거기 있는 것 자체가 괴로워서 그다음에 어떻게 했는지 잘 기억나지 않는다. 물론 무사히 차슈면을 먹고 나오기는 했다.

그 사건 이후 혼밥을 하는 것이 더욱더 두려워졌다. 잘못 주문하는 것은 잠깐의 부끄러움이라 어쩔 수 없지만 테이블이나 카운터석에 홀로 앉아서 가만히 밥을 먹으면 쓸데없는 자의식이 작용하는 것이다. 주위 사람들이 쳐다보지 않을까 신경 쓰여서 얼굴을 들기가 어려워지거나, 음식을 기다리는 동안 어떻게 시간을 보내야 할지 모르거나, 밥을 먹으면서도 '맛있네. 음, 맛있어'라고 혼잣말을 할 수도 없었다. 그런 점을 생각하면 요리를 기대하는 마음의 여유도 사라져서 얼른 먹고 나가고 싶은 마음뿐이었다.

혼자 밥을 먹으러 식당에 들어갔을 때는 가까이 앉은 손님이나 가게 점원과 자연스럽게 대화를 나누거나, 카운터석에 앉았다면 카운터 안에 있는 가게 주인이나 직원과 대화를 나눠보면 어떨까?

시야를 넓힐수록 할 말이 많아진다

그래도 나이가 들어가니 혼자 식당에 들어가야 하는 상황이 되었을 때는 단단히 마음을 먹는다. 애초에 혼자 밥을 먹을 때도 그렇지만, 함께 먹을 사람보다 먼저 가게에 도착했을 때도 마찬가지다. 예전에는 일행이 올 때까지 가게 밖에서 기다렸는데, 나이가 들어서까지 그럴 수는 없다.

식당 직원의 안내를 받아 자리에 앉으면 메뉴를 보거나 인테리어에 시선을 돌리다 한가해 보이는 직원과 눈이 마주치는 순간 말을 걸어본다.

"언제 오픈했나요?", "이 가게는 파스타가 맛있다는 평이 많던데요" 등 요리에 관한 화제를 꺼내면 상대방은 그것이 장사이기에 기분 좋게 설명해준다. 아니면 "늘 사람들로 붐비던데 오늘은 드물게 빈자리가 있네요", "이 그림은 흥미롭네요"라는 등 가게 안을 둘러보고 눈에 띄는 것들을 이야기할 수도 있다.

개방형 주방의 카운터석에 앉은 경우에는 요리를 만드는 모습을 관찰하는 것도 즐겁다. 그러다 보면 이런저런 질문거리가 솟아난다.

"쌀은 소쿠리로 씻나요? 다음에 집에서도 해볼게요."

"역시 다지기 선수네요! 비법이 있나요?"

"올해는 지바에서 갈치가 잔뜩 잡힌다죠? 꽁치는 아직 비싼가요?"

이런 식으로 메뉴를 소재로 이야기하는 것도 효과적이다.

특별히 까다로운 요리사가 아닌 한 손님이 관심을 보이면서 물어보면 이것저것 설명해주게 마련이다. 요리사와 대화가 끊기면 또 가게 안을 조용히 둘러보고 이야깃거리를 찾는다. 옆 테이블에서 주문한 요리는 뭘까 하고 메뉴판과 대조해보며 몰래 상상하는 것도 즐겁다.

나는 아무래도 다른 사람은 어떤 요리를 먹는지 궁금해서 참을 수 없다. 빤히 들여다보는 것은 실례이므로 늘 행동으로 옮기는 것은 아니지만 때로는 내가 관심을 보이는 낌새를 알아채고 먼저 이야기해주는 손님도 있다.

"이 비프커틀릿, 맛있어요."

"우와, 저도 주문해볼게요. 고맙습니다."

그런 대화가 이루어지면 혼자 낯선 식당에서도 즐겁게 식사를 할 수 있다.

예전에 자주 다니던 이탈리안 레스토랑에서 있었던 일이다. 옆 테이블에 앉은 부부가 먹는 요리가 맛있어 보이기에 대범하게 "그게 뭔가요?"라고 물어본 적이 있다. 나 혼자가 아니라 친구들과 함께 갔는데 그 한마디를 계기로 완전히 의기투합해서 그 후로 자주 함께 밥을 먹거나 골프를 치러 가는 사이가 되었다.

그 남편분은 지금도 그날을 떠올리며 농담을 한다.

"난 아가와 씨한테 헌팅당했잖아. 요리에 관해 묻는 척하고 접근했거든."

어떻게 보면 혼자 밥을 먹을 때 아무리 요리에 관심이 있었다고 해도 옆 테이블의 남자가 "그 요리 맛있어 보이네요"라고 말을 걸면 '나한테 관심 있구나' 하고 생각할 수도 있을 것이다.

27

어색함을 뚫는 첫마디

긴장감과 소외감을 느낄 수 있는 자리에서는

내 이야기를 정성껏 들어주는 사람이 큰 힘이 된다.

낯선 레스토랑뿐만 아니라 잘 모르는 장소에 갔을 때 그곳에 있는 사람들과 어떻게 지내면 좋을까? 즉, 내가 훤히 꿰뚫고 있는 장소가 아니라 멀리 떨어진 낯선 지역에 가게 되었을 때 말이다. 많은 사람들이 맞아주기는 하지만 그 장소에 익숙하지 않은 사람이 나밖에 없는 경우기 종종 있다.

특히 나는 고정으로 줄연하는 프로그램이 아니라 다른 프로그램에 게스트로 나가게 되었을 때 그런 긴장감을 느낀다.

프로그램 녹화가 시작되기 전 스튜디오 주변에는 고정 출연진들이 모여 있다. 모두 친한 사이인 모양인지 즐거운 듯 대화를 나눈다. 나는 외부인인 듯 어색한 기분이 든다.

그래도 모두 반갑게 맞아준다.

"아가와 씨, 안녕하세요."

"잘 부탁합니다."

생글생글 웃으며 고개 숙여 인사하는데 나는 과연 어떤 식으로 대응해야 할지 생각한다. 밝고 명랑하게 행동할까? 너무 가볍게 굴어도 이상할 것 같고, 여기서는 조금 차분한 모습을 전면에 내세워본다.

"이 프로그램에 출연하는 것은 처음이라서요. 정말 긴장되네요."

말을 걸기 쉬워 보이는 출연자 옆에 다가가서 친해져 보려고 하지만 "괜찮을 거예요"라는 정도의 대답만 돌아온다. 이 사람도 고정 출연자로서 여러 가지 역할이 있을 것이다. 본방송을 위해 머릿속을 정리하는 중일 수도 있다. 방해해서는 안 된다고 생각해서 뒤로 물러난다.

그렇다면 누구한테 다가가는 것이 현명할까? 낯선 곳에서는 그것을 알 수 없어서 괴롭다.

처음 보는 사람들과 가까워지는 대화법

벌써 20년도 더 지난 일인데 처음으로 〈비트 다케시의 TV 태클〉에 출연했을 때가 생각난다. 그때까지 나는 다른 방송국의 보도 프로그램에 오랫동안 어시스턴트로 출연했다고는 해도 연예인과 함께 출연한 경험은 거의 없었다. 그런데 〈비트 다케시의 TV 태클〉에 출연해보니 유명한 연예인들이 한자리에 모였다. 스튜디오에 갔을 때 '하지 말걸' 하는 후회를 했을 정도로 겁먹었다.

하지만 어쩔 수 없었다. 지정받은 자리에 앉았고 녹화가 시작되었다. 뭐가 뭔지 모르는 가운데 화제가 점점 전개되어갔다. 그 흐름에 필사적으로 매달려서 발언을 요구하면 어떻게든 대답했다. 그런 식으로 녹화가 진행되었을 때 서투르기 짝이 없는 내 발언에 히로미 씨가 웃으며 귀를 기울였고 "과연, 그렇군요"라며 몇 번이나 반응해주었다.

그때까지 나는 히로미 씨에 대해 젊었을 때는 장난기 넘치는 악동이었고 지금은 예능 방송에서 활약하는 누가 봐도 연예인이라는 인상이었다. 그런데 사실은 남의 이야기를, 그다지 쓸모없어 보이는 내 이야기를 정성껏 들어주는 친절한 사람이라는 것을 알게 되었다.

그뿐만이 아니다. 녹화가 끝난 후에도 싱글벙글 웃으며 신입인 내게 손을 흔들며 "수고했어요. 재미있었어요"라고 말을 걸어주었다.

카메라가 켜져 있을 때 상냥하게 대하거나 말을 거는 것은 TV 출연자로서 당연하지만, 카메라가 꺼지고 녹화가 끝난 후, 또는 녹화를 시작하기 전에 함께 출연하는 사람들과 대화를 하려고 하지 않는 경우에는 처음 함께하는 사람으로서 굉장히 힘든 일이다.

"자, 녹화는 이걸로 끝입니다!"라고 디렉터의 말이 끝나기가 무섭게 조금 전까지의 미소는 온데간데없이 사라지는 사람이 있다. 조명 아래에서는 한없이 재미있게 떠들고 친절하다가 녹화가 끝나자마자 "수고하셨습니다"라는 인사도 하는 둥 마는 둥 서둘러 스튜디오를 빠져나가는 연예인들이 있다. 그러면 갑자기 혼자 남겨진 기분이 든다. 그래서 히로미 씨의 친절함이 더욱더 마음에 스며들었는지 모른다.

그 후 내가 출연하는 프로그램에 처음 나오는 게스트가 불편해 보이면 녹화 전에 최대한 말을 걸어서 "괜찮아요. 마음껏 이야기하세요. 기본적으로 편한 방송이거든요"라고 안심시키려고 애쓴다. 녹화가 끝나면 자신이 제대로 말했는지 불안해하는 듯 보이는 게스트에게 다가가 "이야기 정말 좋았어요", "너무 재미있던데요"라고 격려한다. 처음 출연하는 게스트의 긴장감과 소외감을 최대한 없애주는 것이 고정 출연자가 할 일이라고 생각한다.

28

가슴에 와닿는 단어 선택

말이 줄어들면서 사람들의 표현력도 줄어들었다.

어휘가 풍부하지 않으면 말의 내용이 가벼워진다.

예전에 사립초등학교 도서실에서 아르바이트한 적이 있다. 자유로운 교풍 때문인지 학생들은 늘 구김살 없이 학교에서 공부하고 노닥거렸다. 그중에 교내에서 유명한 씩씩한 여자아이가 있었는데, 운동회 때 기마전에서 남자아이를 때려눕혔고 그 아이에게 당한 남자아이가 울음을 터뜨렸다는 일화도 있을 정도였다.

도서실에 찾아온 그 아이를 보니 확실히 박력이 있었다.

"있잖아, 같이 놀자."

"안 돼. 내 책이니까 가로채지 마!"

나는 시원시원하다고 생각하면서도 살짝 쓴소리를 했다.

"그렇게 거친 말을 쓰면 되겠니? 여자아이가 말이야."

그러자 그녀는 태연하게 대답했다.

"괜찮아요. 저도 제대로 가려서 쓰니까요. 정중한 말도 할 줄 아니까 걱정 마세요."

똑 부러지는 말투에 나는 그만 할 말을 잃고 말았다.

젊을 때는 뭐니 뭐니 해도 유행어를 쓰고 싶은 법이다. 친구끼리 그런 말을 사용해야 폼 난다고 생각하는 것이다. 하지만 그 '폼 난다'고 생각한 말이나 표현이 어디에서나 통한다고 생각하면 안 된다. 사람이나 장소, 그 자리의 분위기에 따라 제대로 구분해서 사용해야 한다.

그러려면 유행어뿐만 아니라 올바른 표현과 정중한 말투를 익혀야 한다. 물론 하루아침에 실행할 수는 없지만 그리 어려운 일도 아니다. 평소에 감동했을 때 '갬성적이야!', '쩐다'라는 말을 쓰는 것이 익숙하더라도 상황에 따라서 어울리지 않겠다 싶으면 '가슴에 와닿네요', '대단하네요'라는 말로 바꾸면 그만이다.

평범한 이야기도 드라마틱하게

내 경우에도 그렇지만 사람들이 대체로 어휘력과 표현력이 부족하다. 젊은 사람뿐만 아니라 뭔가를 표현할 때 '완전'과 '대박' 정도로 끝내버린다. 좋거나 싫거나 놀라거나 하는 감정의 구분도 없다. 물론 연배 있는 문화인이나 학자, 아나운서도 자주 사용하는 것은 마찬가지다. 이렇게 말하는 나도 '엄청나게'라는 말을 '엄청나게' 많이 사용한다. 어휘가 풍부하지 않으면 말의 내용이 가벼워지고 만다.

마음씨가 매우 고운 내 친구는 사람들을 만날 때마다 쉽게 감동했던 얘기를 자주 들려준다.

"아무튼 말이야, 엄청나게 멋진 사람이야."

"그렇구나."

"아가와 씨도 만나면 엄청나게 감동할걸? 엄청나게 좋은 사람이야. 보장할게."

"어떤 점이 매력적인데?"

"어떤 점이랄까, 전부 다. 모든 점이 엄청엄청 대단해."

아마 엄청나게 대단한 사람이겠지만 어떤 점이 대단한지 알 수 없다. 그저 엄청날 뿐이다.

다른 사람에게 들려줄 때는 마음에 와닿는 단어를 선택하면 아무리 평범한 이야기도 드라마틱하게 바꿀 수 있다.

29

의학 수업을 동화처럼 말하기

이야기는 다른 사람의 마음을 사로잡는 요소로 가득 차 있다.

따라서 이야기로 꾸며서 말하면 사람들은 관심을 보인다.

도쿄대학교의 성장호르몬 전문 교수는 비유를 덧붙이거나 단어 선택에 주의하는 것과 마찬가지로 이야기도 다른 사람과의 대화에서 중요한 요소라고 주장한다.

그 교수는 대학교 수업에서 학생들이 좀처럼 강의를 듣지 않자, 어떻게 하면 학생들이 졸지 않고 집중할까를 고민하다 좋은 생각이 하나 떠올랐다.

사실 그는 소년 시절에 책 읽는 것을 너무 좋아해서 수많은 이야기를 접할 때마다 상상의 나래를 펼쳤다고 한다. '내가 이야기에 폭 빠졌던 것처럼 강의에서도 재미있게 말할 수 있으면 좋을 텐데', 이런 고민을 하던 끝에 좋은 아이디어가 떠올랐다.

성장호르몬 이야기를 어릴 때 읽었던 엄지 동자 이야기에 비유해서 말하는 것이었다.

키가 엄지손가락 정도밖에 되지 않는 소년은 키워준 부부에게 작별 인사를 하고 무사가 되기 위해 수도로 여행을 떠난다. 밥그릇을 배로, 젓가락을 노로 삼고, 바늘을 칼 대신 허리에 차고 수도에 도착한 소년은 훌륭한 저택에서 일하게 되었다. 어느 날 그 집의 아가씨를 데리고 궁궐에 참배하러 갔는데 도깨비가 나타나 아가씨를 납치하려고 했다. 엄지 동자는 아가씨를 지키기 위해 열심히 싸워 마침내 도깨비를 몰아냈다. 도깨비가 떨어뜨린 요술 방망이를 휘둘러보니 엄지손가락만 하던 키가 쑥쑥 자라서 훌륭한 청년이 되었다.

교수는 이 이야기를 성장호르몬에 비유해보았다. 요술 방망이가 성장호르몬이다. 엄지 동자가 이를 휘두르자 쑥쑥 성장한다.

성장호르몬의 구조를 엄지 동자 이야기에 대입해서 강의했더니 학생들이 재미있어하며 적극적인 자세로 수업을 들었다고 한다.

마음을 사로잡는 이야기의 힘

기분이 좋아진 교수는 계속해서 전문가들이 모이는 국제학회에서도 자신의 연구 성과를 엄지 동자 이야기에 비유해서 영어로 설명했다. 엄지 동자를 '원 인치 보이(One Inch Boy)'라고 이름 붙이고 성장호르몬에 관한 이야기를 했다. 예상대로 호평을 얻었고 강의가 끝나자 수많은 질문이 쏟아졌다.

"하지만 내 이야기를 들은 사람들의 관심은 압도적으로 원 인치 보이의 그 뒷이야기였어요. '결국 원 인치 보이는 아가씨와 맺어져서 행복하게 살았는지 알고 싶다'고 하더라고요."

교수는 그 이야기를 한 후 이렇게 말했다.

"이야기라는 것은 다른 사람의 마음을 사로잡는 요소로 가득 차 있습니다. 과학의 세계라 해도 가슴이 두근거리는 이야기를 읽듯이 '그래서 다음은 어떻게 되었어?', '그건 악당이야? 아니면 우리 편?', '어떻게?'라는 식으로 전개하면 많은 사람들이 더욱 관심을 보일 겁니다."

다른 사람과 말할 때도 단순히 사실을 나열하거나 데이터를 공개하거나 숫자를 나열할 뿐만 아니라 거기에 어떤 이야기가 있는지 상상의 나래를 펼쳐서 구성해보면 듣는 사람의 마음을 사로잡을 수 있다.

30

붙임성 있는 말솜씨

처음 만난 사람에게는 좋은 인상을 주는 것이 중요하다.

그래야 상대가 말을 걸어 오기가 쉬워진다.

익숙하지 않은 장소에서 대화를 나누는 상황은 일상에서도 많다. 이를테면 거래처 사무실에서 회의를 하거나, 낯선 사람들이 모이는 파티, 외부인과 어울리는 회식 자리도 있다. 누구나 긴장되게 마련인데, 특히 처음 한마디가 중요하다. 그 한마디가 그 자리의 분위기와 상대방과의 관계를 결정하기 때문이다.

《슈칸분슌》의 대담 현장에서도 게스트와 가장 먼저 인사할 때 특히 처음 보는 경우에는 나름 긴장한다. 하지만 아마 듣는 역할인 나보다 게스트가 훨씬 더 긴장할 것이다. 아무튼 자신의 영역이 아니니까. '아가와는 어떤 사람일까'?, '어떤 걸 물어볼까?' 마음속으로 불안해하며 현장에 올 것이다.

그럴 때 게스트를 맞이하는 입장인 나는 '부디 겁내지 마세요'라는 마음을 담아서 (사실은 나도 긴장하고 있지만) 처음 대면하는 분위기를 최대한 '좋은 느낌'으로 만들려고 애쓴다.

예를 들어 커다란 여행 가방을 들고 방에 들어오면 이렇게 말한다.

"어머나, 이제 여행 가시나요? 아니라고요? 지금 나리타 공항에서 곧장 오셨다고요? 저런저런. 피곤하실 텐데 죄송합니다."

여행 가방과 배낭을 안고 헐레벌떡 나타난 사람을 그저 멍하니 보기만 하는 것은 실례다. 앞장서서 짐을 받아주고 한쪽 구석에 놓는 것을 도와준 뒤 다시 한 번 "처음 뵙겠습니다"라고 인사한다.

또는 지팡이를 짚고 다리를 끌며 들어오는 게스트도 있다. 분명히 여기까지 오는 것만으로 매우 힘들었을 것이다.

"어서 오세요. 일단 앉으세요."

소파에 앉으라고 권하면 일단 화장실에 가고 싶다고 말한다. 그럴 때도 "아, 화장실요? 안내해드리겠습니다"라고 말한다.

물론 담당 편집자가 모시고 갈 수도 있지만 편집자를 포함해서 이쪽 모두가 초대하는 팀이다. 다 함께 기분 좋은 공간을 만들려고 애쓰면 게스트도 조금은 안심할 것이다.

나라고 늘 싱글벙글 웃고 활기차며 붙임성이 좋은 것은 아니다. 그 부분은 동료들에게 물어보면 금방 들킬 일이다.

"아가와 씨요? 걸핏하면 화내요. 금방 불평하고. 순간온수기로 불리던 아버지랑 똑같다니까요."

그래도 필요할 때는 붙임성을 발휘한다. 의욕이 지나쳐서 분위기를 파악하지 못할 때도 있지만 필요할 때는 제대로 한다. 나는 손님을 초대하는 역할을 담당하기 때문이다. 그렇지 않더라도 처음 만난 사람에게는 좋은 인상을 주고 싶은 마음이 크다.

첫 만남을 '좋은 느낌'으로 시작한다

예전에 '안녕', '오랜만이야'라고 인사할 때마다 늘 뚱한 표정을 짓는 친구가 있었다. 왠지 기분이 안 좋아 보이는데 화나는 일이 있는 것인지, 아니면 나한테 뭔가 불만이 있는 것인지 알 수 없었다. 이런 사람은 만나자마자 기분이 축 처져서 말을 걸지 않는 게 좋을까 싶기도 하다.

얼굴 생김새를 말하는 것이 아니다. 화난 인상의 얼굴이라도 기분이 좋은지 나쁜지는 구별할 수 있다. 귀신처럼 무서워 보이는데도 그 표정 그대로 "아가와 씨를 만나서 정말로 기쁘군요"라고 말하는 사람도 있다.

그런 사람이 오히려 부럽게 느껴질 때도 있다. 화났나 싶다가도 때때로 빙그레 웃어준다. 그런 미소에서는 진심으로 고마운 마음이 느껴져서 평소에 생글생글 웃는 사람보다 백배는 더 복을 받을 것 같다.

그런데 앞서 말한 그 친구는 얼굴이 무섭게 생긴 것은 아니다. 야무지고 예쁜 얼굴인데 매번 만나는 순간에는 언제나 진심으로 기분 나빠 보인다. 하지만 잠시 이야기하다 보면 기분 나쁜 게 아니라는 것을 알 수 있다.

그렇다면 왜 처음에 그런 얼굴을 하는 걸까? 궁금했지만 물어보지 못한 채 지금은 관계가 소원해졌다. 어쨌든 만날 때마다 잔뜩 불만스러운 표정을 짓고 있으면 나도 기분이 좋지 않아서 이야기하고 싶은 마음이 사라진다.

그 친구를 보고 마음속으로 다짐했다. 그날 처음 만날 때는 기분 좋게 생글생글 웃으며 인사하자. 그것만으로도 대단한 화제가 떠오르지 않더라도 이 사람과 말하고 싶다는 마음이 솟아날 것이다. 미소로 얻는 복은 적더라도 말을 걸기 쉬운 사람이 되자고 결심했다.

예전에 내 담당이던 남자 편집자는 아무리 일이 밀려도 만나면 왠지 기분 좋아 보이는 얼굴을 하는 사람이었다. 나와 일하는 것이 특별히 즐거워서 그런 것 같지도 않은데 기분 나쁜 표정을 지은 적이 거의 없었다. 내 원고가 늦어지거나 지난번 인터뷰가 잘 안 풀린 것 같다며 풀이 죽었을 때도 만나면 기분이 좋았다.

하지만 진지하게 이야기하다 보면 의외로 불평불만이 많은 사람이었다. 저런 짓을 하는 사람의 생각을 알 수 없다, 그런 일에는 조금도 감동하지 않는다, 정부는 무엇을 하고 있는 것인가 등 꽤 심한 말을 내뱉기도 한다. 그런데도 그 사람과 만나면 조금도 불안하지 않았고 불쾌감도 생기지 않은 이유는 만난 순간의 표정이 언제나 싱글벙글했기 때문이다.

아저씨로 불리는 사람들은 대체로 말수가 적은 데다 언짢은 표정을 짓는 경우가 많다. 나에게 이득이 되는 상대, 즉 단골손님이나 고객, 상사나 클라이언트에게는 웃으며 친철하게 성의를 다하면서도 전철이나 엘리베이터를 타면 순식간에 매우 무뚝뚝해진다. 집에서도 최대한 말하고 싶지 않은 분위기를 풍기며 장벽을 치고 아내의 이야기를 건성으로 흘려듣는다.

그런 조용한 남자들을 보면 나는 이런 생각이 든다.

'가엽게도 차곡차곡 모아놓은 붙임성을 회사에서 다 써버렸나 보네.'

· · ·

조금 더 듣고 싶고,
시간 가는 줄 모르고 이야기에 빠져드는
그런 사람이 있다.
경계심을 허물고, 어색한 순간에도 웃음을 터트리고
긴장을 풀어주는 이야기가 있다.
사람을 머물게 하는 말의 힘.
관계가 계속 이어지려면 어떻게 말해야 하는가?

Part 4

조금 더 듣고
싶어지는 말

The Beginning of a Conversation

31

경계심을 단번에 허무는 말

처음 만난 사람, 어색한 순간에도 웃음을 터트리고

서로의 마음이 열리는 한마디가 있다.

레스토랑에 가면 직원들이 '반드시'라고 해도 좋을 정도로 질문하는 것이 있다.

"먹지 못하는 식재료가 있습니까?"

그 질문을 받을 때마다 "아니요, 딱히 없어요", "전혀 없습니다"라고 대답했는데 어느 순간부터 그런 대답이 식상해서 이렇게 말한다.

"낙타 발가락과 코끼리 코는 못 먹습니다."

그렇게 말하면 질문한 사람은 대체로 웃음을 터트린다.

"그럼 문제없군요. 우리 식당은 낙타 발가락과 코끼리 코는 제공하지 않으니까요."

농담으로 한 말이 아니다. 실제로 둘 다 먹어본 적이 있는데 두 번 다시 못 먹을 음식이었다.

기본적으로 가리는 음식은 없는데 내몽골을 여행할 때 그 지역의 진미로 '낙타 발가락' 요리를 대접받았다. 겉보기에는 족발 같은 모양새에 반투명하고 탱글탱글한 콜라겐 덩어리라서 과연 술안주로 딱 알맞겠다 싶어서 한 조각 입에 넣었다가 깜짝 놀랐다.

이 무슨 야성적인 맛이란 말인가! 그보다 냄새가 고약해서 참을 수 없었다. 아마 익숙해지면 맛있게 느껴질지도 모른다. 외국인이 처음 '낫토'를 먹었을 때 이런 느낌이 아닐까? 역시 첫 경험이었던 나에게는 너무도 강렬했다.

코끼리 코는 일본의 단골 중화요리점에서 오너 셰프가 추천해줬다.

"이거 귀한 거니까 먹어봐요."

겉보기에는 육포처럼 말린 고기로 보인다. 고개를 갸웃거리면서도 뭐든지 시도해보고 싶은 나에게는 거부한다는 선택지가 없었다. 하지만 이 또한 지금은 떠올릴 수도 없을 정도로 기분 나쁜 맛이었다.

이미 40년이나 지난 일이다. 그 가게는 문을 닫았고 코끼리 코를 권한 셰프도 돌아가셨다. 다시 생각해보니 그건 정말로 코끼리 코였을까? 단순히 나를 놀리려고 기분 나쁜 맛이 나는 육포를 먹이려고 한 것은 아닐까? 이제 와서 확인할 방법도 없지만 분명 '거북한 맛!'이었다.

그런 이유로 내가 '못 먹는 식재료'는 그 2가지다. 그렇게 대답하면 대체로 상대방은 놀라거나 웃음을 터뜨린다. 매뉴얼처럼 틀에 박힌 대화를 허무는 데 꽤 좋은 이야기 소재다.

32

절대 실패하지 않는 긍정적인 단어

부정적인 말이 따라오는 단어를 사용하지 마라.
긍정적인 단어는 긴장을 풀어주는 마법의 효과가 있다.

이것도 〈비트 다케시의 TV 태클〉에서 있었던 일이다. 정치평론가 미야케 히사유키 씨는 방송 녹화 중에 다른 게스트와 토론하는 과정에서 때로는 늠름하게, 때로는 격렬하게 분개하며 신념이 흔들리지 않고 늘 의연한 태도를 보이는 분이었다. 그러나 카메라가 켜지기 전에 고정 출연자들과 스튜디오에서 대면할 때는 언제나 싱글벙글 미소를 지었다. 가까이 다가가서 "좋은 아침입니다. 오늘도 잘 부탁합니다!"라고 인사하면, "오, 이게 누구야, 아가와 씨. 오늘은 한층 더!"라고 말했다.

이 말은 미야케 씨의 단골 멘트였다. 나뿐만 아니라 어느 누구와 인사를 나눌 때도 마찬가지였다.

"이야, 오늘은 한층 더!"

한층 더 뒤에 이어지는 말은 없다. 도대체 그날의 내가 미야케 씨의 눈에 '한층 더' 어떻게 비쳤는지 알 수는 없다. 하지만 그 말을 들은 사람은 신기하게도 '한층 더 늙었다', '한층 더 취미가 나쁘다'라는 식의 부정적인 해석은 하지 않는다. 잘 모르겠지만 아무래도 칭찬받은 기분이 든다. 그리고 미야케 씨에게 그 말을 들은 사람은 남녀 불문하고 모두 좋은 기분으로 녹화에 임할 수 있었다.

'한층 더!'라고 말할 때의 그 미소는 확실히 주위 사람들을 행복하게 해주었다. '한층 더'의 매직은 그야말로 효과 만점이었다.

33

민망함을 웃음으로 바꾸는 센스

남에게 지적당하면 부끄러운 일은 수도 없이 많다.

하지만 그와 동시에 작은 비밀을 공유하는 친밀감도 생겨난다.

당신의 눈앞에 서 있는 사람의 바지 지퍼가 열려 있는 것을 발견한다면 어떻게 하겠는가?

사람마다 판단 기준이 있을 테니 절대 추천할 생각은 없지만 나는 대체로 당사자에게 직접 알려준다. '조기 발견 조기 치료'를 신조로 삼고 있으니까.

국회의원 총선 직후 생방송에 사회자로 출연했을 때의 일이다. 당선된 의원들이 연달아 스튜디오에 도착하는 상황이었다. 정당의 사무실에서 당선 축하 인사와 연설, 미디어 취재, 각처에 대한 인사 등을 대충 끝마치고 드디어 스튜디오에 달려온 남성 의원이 있었다.

"늦어서 죄송합니다."

"아니에요. 당선 축하합니다. 그럼 저쪽 자리에 앉으세요"라
고 안내하고는 문득 보니 바지 지퍼가 열려 있었다.

생방송 중에는 거의 앉아 있기만 하니 카메라에 비칠 일은 없
겠다 싶었으나 모른 척할 수도 없었다.

"저기요, 지퍼!"

작은 목소리로 말하자, 상대방은 '앗' 하며 조금 당황한 모습
이기는 했지만 곧바로 기세 좋게 지퍼를 닫고 그대로 자리에 앉
았다. 그 후 '고맙다'는 말이나 '무례하다'는 말도 없었지만 도착
하자마자 분주한 상황에서 아무에게도 들키지 않고 무사히 처
리한 셈이다. 당선 직후라서 흥분한 탓도 있었을 것이다. 그런
일은 누구에게나 일어날 수 있다고 생각하면 별일 아니다.

예전에 친한 여배우 D가 전철 손잡이를 잡고 책을 읽고 있을
때의 일이다. 정면의 좌석에 앉아 있던 여성이 D를 흘끗흘끗 엿
보기에 "혹시 D씨 아닌가요? 팬이에요"라고 말을 걸까 봐 난처
해하면서도 가급적 책에 몰두하는 척했다고 한다. 그러자 결국
눈앞의 여성이 참다못해 말을 걸었디.

"저기요?"

"왜 그러시죠?"

여배우의 당당한 태도를 한껏 발휘하며 점잖은 척 대답하자
상대는 불쑥 이렇게 말했다.

"지퍼 열렸는데요."

당사자는 "민망해 죽을 뻔했어!"라며 심하게 좌절했지만, 그 단계에서 말해준 게 천만다행이지 않은가? 아무도 알려주지 않았다면 그녀는 바지 지퍼를 활짝 열어놓은 채 온종일 시내를 돌아다녔을 것이다. 역시 '조기 발견 조기 치료'가 정답이다.

조금 낮추면 더 친밀해진다

오타케 마코토 씨가 들려준 에피소드가 있다. 그가 한 여배우와 함께 얼굴을 꽤 가까이 대고 연기를 하고 있는데, 상대 여배우의 코털이 삐져나온 것을 보고 말았다.

아무래도 여배우다 보니 사실대로 알려주면 크게 상심할지 모른다. 하지만 모른 척 그냥 넘어가면 다른 사람들까지 보게 되어 더욱 곤란해질 수 있다는 생각에 용기를 내서 말했다.

"저기, 코털이……."

그러자 여배우는 "어머" 하고 놀라더니 가지고 있던 손수건을 꺼내 삐져나온 코털을 콧속으로 꾹꾹 밀어 넣고 태연하게 웃었다고 한다.

"그때 난 그녀가 좋은 배우구나 하고 생각했어."

나는 그 이야기를 듣고 한 번도 만난 적은 없지만 완전히 그녀의 팬이 되었다.

남에게 지적당하면 부끄러운 일은 수도 없이 많다. 열린 지퍼나 삐져나온 코털 외에도 양복 재킷의 어깨에 비듬이 잔뜩 떨어져 있거나 스웨터를 뒤집어서 입었거나 단추를 잘못 잠그는 경우도 있다.

발견한 사람과 당사자 모두 한순간 놀라서 얼굴을 붉힐 수도 있다. 하지만 그와 동시에 작은 비밀을 공유하는 동지와 같은 친밀감도 생겨난다. 평소에는 고지식해 보이던 사람이 그런 실수를 하는 모습을 보면 인간적으로 느껴지고 친근감이 생기지 않는가? 그러고 나면 말을 걸기가 한결 쉬워진다.

34

기분을 강요할 수는 없다

웃는 얼굴로 대하는 것도 중요하지만
상대방의 마음을 살펴서 적절히 대응해야 한다.

:: 기분 좋게 대화하고 싶다면 늘 웃는 얼굴로 대하라고 말했지만 싱글벙글 웃기만 해서도 안 되는 경우가 있다.

일본 야마가타현 가미노야마에 있는 '고요'라는 료칸의 여주인 사토 요시에 씨가 들려준 이야기다.

그녀는 아직 신입이었을 때 료칸에 도착하는 손님을 늘 밝고 친절하게 방긋 웃으며 맞이해야 한다고 믿었다.

"어서 오세요."

"잘 오셨습니다."

얼굴 가득 미소를 띠고 소리 높여 인사하며 달려가서 짐을 받아 들고 안으로 안내하려고 마음을 썼다. 그러던 어느 날 한 노신사가 도착했다. 평소처럼 밝은 목소리로 웃으며 맞이했더니 그분이 이렇게 말했다.

"그렇게 생글생글 웃어도 나는 지금 그 웃음에 답할 기분이 아니라네."

무슨 이유인지는 모르겠지만 그 손님은 마음이 가라앉아 있었다. 그런 것도 헤아리지 못하고 그저 미소를 지으면 손님이 기뻐할 것이라고 믿은 것은 경솔한 생각이었음을 깨달았다.

웃는 얼굴로 대하는 것도 중요하지만 그 전에 상대방의 마음을 살펴서 적절히 대응하는 것이 진정한 서비스라는 것을 알게 되었다.

아무 말도 하지 않는 것이 나을 때

그 가르침은 지금도 내 마음에 새겨져 있다. 사람을 대할 때 기분 나쁘게 하는 것보다 기분 좋게 대하는 것이 훨씬 낫겠지만, 그저 일방적으로 늘떠 있으면 오히려 상대방의 기분이 더욱 가라앉을 수도 있다. 물론 상대방의 기분을 완벽히게 이해할 수는 없지만 최대한 살피는 것이 중요하다.

지금 어떤 마음일까? 분명히 피곤하겠지. 어쩌면 슬픈 일이라도 있었나? 지금은 내버려두자.

얼마 전에 친한 친구의 몸 상태가 좋지 않다는 사실을 알고 마음이 조금 무거웠다. 그런데 마침 그때 밝은 분위기의 장소에 가야 할 일이 생겼다. 그 모임에서 우울한 이야기를 토로하는 것도 어울리지 않았다. 그래서 최대한 밝게 행동해야겠다고 생각했는데 오랜만에 만난 여성이 말을 건넸다.

"어머, 아가와 씨 오랜만이에요. 그런데 무슨 일 있어요? 왠지 슬퍼 보이네요?"

하지만 나는 설명할 수 없었다. 그런 내 모습을 보고 "괜찮아요. 말하지 않아도 돼요"라며 나를 안아주었다. 그때 얼마나 기뻤는지 모른다. 나도 모르게 눈물이 흐를 것 같았다.

아무것도 묻지 않아도 상대방의 마음에 다가가서 살피는 것에 집중하면 그것만으로도 대화했을 때 못지않게 서로를 충분히 이해할 수 있다.

35

기억에 남는 5문장, 1분 스피치

아무리 말이 서툰 사람도 1분 정도는 말할 수 있다.

하고 싶은 말을 단 5문장으로 압축해본다.

부모님 제사 때 오랜만에 친척 일동이 절에 모였다. 장례식이나 제사에 가면 늘 생각하는 것이 있다. 당연히 고인을 기리기 위해 찾아오는 것이지만 오랜만에 만나는 친척이나 옛 친구의 얼굴을 보면 나도 모르게 얼굴에 미소가 지어진다. 그럴 때 '불경스러울까' 하는 생각과 동시에 '고인이 모두를 불러 모아주었구나'라고 느낀다.

단순히 오랜만에 만나거나 잘 모르는 친척이면 목례 정도로 끝내기 쉽다. 말을 걸 기회를 가지지 못한 채 나도 모르게 친한 사람하고만 이야기하고 집에 돌아올 때가 있다.

이번에도 그렇게 될 것 같았다. 스님이 불경을 읊어주시고 성묘한 후 본당으로 돌아와서 다 함께 가벼운 식사를 했다. 전에 너무 오래 머무는 것도 폐가 되기에 슬슬 돌아갈까 하고 생각했을 때 미국에 사는 큰동생이 제안했다.

"오랜만에 다들 만났고, 이렇게 모이기도 쉽지 않은데, 좀 더 이야기하고 싶어. 근데 시간이 없으니까 한 사람당 1분씩 스피치를 하기로 할까?"

그렇게 해서 한 사람씩 어린아이까지 포함해서 모든 사람이 1분 동안 자기소개와 근황 이야기, 고인과의 추억을 말하게 되었다.

정말 좋은 아이디어였다. 말을 꺼낸 남동생이 시계를 주시하다가 슬슬 시간이 다 되어갈 때 초를 세기 시작하면 모두가 "길어, 길어"라고 야유를 보냈고, 얼마 전까지 초등학생인 줄 알았던 조카가 번듯하게 취업했다는 말을 듣고 "어머나, 훌륭하게 자랐네"라며 서로 속삭였다. 간결하면서도 알찬 가족 모임이 되었다.

일본인들은 스피치를 어려워한다고 했는데 이런 식으로 모든 사람이 똑같이 짧은 스피치를 해보면 각자의 개성이 드러나서 재미있다. 그리고 다른 사람의 스피치를 들으면서 자신의 차례가 되면 어떤 이야기를 할까 생각하는 재미도 솟아난다. 10명이 넘는 모임일 때 시도해보기 바란다. 분명히 좋은 모임이었다며 집으로 돌아오는 길에 마음이 따뜻해질 것이다.

36

재미있게 말하는 기술

같은 이야기도 여러 번 말하다 보면 점점 더 잘 전하게 된다.

재미있게 풀어낼 수 있다면 몇 번을 들어도 질리지 않는다.

다른 사람의 이야기를 들었을 때 '예전에도 들은 적이 있는 데'라고 생각될 때가 있다. 그럴 때는 어떻게 할까?

어릴 때 히로시마에 사시던 큰아버지가 도쿄로 올라와 우리 집에서 식사할 때면, 대체로 예전에 들었던 이야기를 또 하곤 했다. 우리 가족은 큰아버지 몰래 검지와 중지를 세워서 '두 번째'라고 확인하고 자지러지게 웃었다. 나이가 들수록 했던 이야기를 또 하는 경우가 많다.

영화배우 나카무라 메이코 씨가 자택에서 이야기하다 문득 불안해져서 딸들에게 물어봤다.

"내가 이 이야기를 전에도 했나? 두 번째야?"

"두 번째가 아니에요. 네 번째지!"

엄격한 딸들은 어머니에게 딱 잘라 그렇게 말했다고 한다.

대화뿐만이 아니다. 원고를 쓰면서 '이 이야기는 전에도 썼지' 하고 생각할 때가 많다. 그럴 때는 '전에도 썼지만'이라거나 '다른 책에도 썼듯이'라고 서두를 살짝 바꿔보기도 한다. 실제로 독자 여러분도 '이 이야기를 또 썼네', '같은 소재를 또 우려먹는다'라고 생각하는 분도 있을 것이다.

예전에 작가 요시유키 준노스케 씨가 했던 말이 생각난다.

"남의 이야기를 멋대로 쓰면 표절이라고 할지도 모르겠지만 자기 이야기 정도는 표절하게 해주면 좋겠어. 한 인간이 재미있는 일화를 그렇게 많이 가지고 있을 리가 없으니까."

재미있는 이야기는 한 번 더

그런 의미에서 내가 가장 많이 재활용하는 것은 와다 마코토 씨에게 들은 이야기다.

와다 씨는 일단 재미있는 화제가 끊이지 않는 분이었다. 본업은 일러스트레이터이자 그래픽디자이너이며 《마작 방랑기》 등 수많은 명작을 남긴 영화감독이기도 하다. 그런데 본질적으로 영화와 영화음악, 뮤지컬과 재즈를 매우 좋아한 분이었다. 함께 밥을 먹을 때 문득 "마릴린 먼로가 단역으로 출연한 여배우 이야기 제목이 뭐였더라? 아, 생각이 안 나네"라고 누군가가 중얼

거리면 지체 없이 이런 식으로 대답했다.

"〈이브의 모든 것〉이야. 1951년 일본에서 개봉되었지. 주인공은 베티 데이비스이고, 영화 끝부분에 신인 여배우로 잠깐 등장하는 사람이 마릴린 먼로야. 감독인 맨키위즈라는 사람은 이 영화와 이전 해에 만든 〈세 부인〉으로 2년 연속 아카데미상을 차지했어. 좋은 영화였지."

마치 걸어 다니는 영화 사전 같은 분이었다.

아마 영화 사전에도 나와 있지 않을 법한 이야기까지 알고 있는데, 지금도 잊을 수 없는 재미있는 일화가 있다.

영화 〈카사블랑카〉(마이클 커티즈 감독, 1946년)는 여자 주인공이 잉그리드 버그만, 남자 주인공이 험프리 보가트였다. 영화에서 둘리 윌슨이 노래하는 '애즈 타임 고즈 바이(As Time Goes By)'도 세계적으로 크게 인기를 얻었고 재즈 연주자들이 표준적으로 연주하는 명곡으로 유명하다.

남자 주인공 험프리 보가트는 사실 달콤한 외모의 절세 미남은 아니다. 그때까시는 이렇다 할 활약을 보이지 못한 배우였는데 이 영화로 인정받으며 그의 출세작이 되었다. 하지만 험프리 보가트가 캐스팅되기 전에 실제로는 다른 배우가 후보에 올랐다고 한다. 그 사람은 누구일까?

"어, 누굴까……?"

와다 씨의 주위에 모인 농료들은 저마다 머리를 굴려보지만 그럴듯한 이름이 나오지 않았다. 잠시 기다린 뒤 와다 씨가 싱긋 웃어 보이며 말했다.

"전 세계 사람들이 알 만할 정도로 유명한 사람인데 배우로는 유명하지 않아."

도대체 누구인지 더더욱 감을 잡을 수 없었다.

와다 씨가 천천히 입을 열었다.

"그 사람은 바로 레이건 대통령이야."

레이건 대통령이 한때 영화배우로 활동했다는 이야기는 들은 적이 있다. 하지만 연기를 못하는 배우라는 소문이 있었다.

"아니, 의외로 좋은 배우였다나 봐. 〈카사블랑카〉에 캐스팅될 정도였으니까."

나는 이 에피소드를 여기저기서 말했고, 많은 사람들이 뜻밖의 이야기에 놀라며 재미있어했다.

그중에서 가장 대표적인 것은 내가 잠깐 출연한 영화 〈니시노 유키히코의 사랑과 모험〉의 한 장면이다.

주인공 다케노우치 유타카 씨와 나는 카페에서 잡담을 나눠야 했다. 차를 주문하는 타이밍이나 대사는 일단 정해져 있었는데 잡담 내용에 관해서는 각본에 전혀 쓰여 있지 않았다. 이구치 감독은 '영화에 관해 아무거나 마음대로 얘기하셔도 돼요'라고 지시했다. 눈앞에 잘생긴 배우가 있는 것만으로 어떻게 해야 할지 모르겠는데 무슨 말을 해야 할지 난감했다. 그때 문득 와다 씨의 이야기가 생각났다.

"〈카사블랑카〉라는 영화 아세요?"

"네, 알고 있죠."

"남자 주인공이 험프리 보가트이고 여자 주인공은 누구더라, 아, 잉그리드 버그만."

"그랬죠."

"근데 사실 이 영화에 맨 처음 캐스팅된 남자 배우는 험프리 보가트가 아니었대요."

"아하, 몰랐네요."

"그럼 누구였을 것 같아요?"

"으음, 모르겠는데요."

"세계적으로는 유명한 사람이지만 배우로는 그리 유명하지 않은 사람이에요."

그런 식으로 나는 마치 친구에게 말하는 것처럼 의기양양하게 그 일화를 이야기했고, 긴장할 틈도 없이 무사히 촬영을 끝냈다.

자주 써먹는 영화 이야기

와다 씨의 재미있는 영화 이야기는 더 있다.

내가 뮤지컬 영화를 좋아하게 된 이유를 밀하자면 초등학교

6학년 때로 거슬러 올라간다. 중학교 입시를 목표로 공부에 찌든 나날을 보내던 나에게 어머니가 딱 하루 휴가를 줬다.

"영화 보러 갔다 와."

그래서 의기양양하게 신주쿠의 영화관에 갔다. 그때 마침 〈마이 페어 레이디〉가 상영 중이었다.

사실 이 영화의 오리지널 사운드트랙은 부모님이 좋아해서 어릴 때부터 집에서 자주 들었던 기억이 있다. 영어를 몰라서 가사의 뜻과 스토리도 전혀 알 수 없었다. 하지만 음악을 들으며 '이 부분은 슬픈 장면인가', '여기는 남녀 둘이 노래하니까 로맨틱한 장면이겠네', '아저씨들이 신났어'라고 멋대로 이런저런 상상을 하곤 했다.

영화관 조명이 꺼지고 드디어 영화가 시작되어 서곡이 흘러나온 순간 아는 곡이라는 것을 깨닫고, '이렇게 꽃으로 넘치는 영상과 함께 시작되네'라고 놀라며 꽃 파는 아가씨의 노래라는 것을 처음 알았다. 익숙한 멜로디와 장면이 일치해서 마치 확인 작업을 하는 것처럼 흥분했다.

그날 이후 내가 가장 좋아하는 장르는 뮤지컬 영화, 가장 좋아하는 여배우는 오드리 헵번, 가장 좋아하는 남자 배우는 렉스 해리슨이 되었다.

그런 추억을 와다 씨에게 말했더니 "그거 알아?" 하고 영화 이야기가 시작되었다.

<마이 페어 레이디>는 영화로 만들어지기 전에 브로드웨이에서 큰 인기를 끌었다. 그때의 일라이자 역은 오드리 헵번이 아니라 뮤지컬의 여왕 줄리 앤드류스였다. 그런데 남자 주인공은 영화와 마찬가지로 렉스 해리슨이었다.

하지만 처음에 렉스 해리슨은 뮤지컬 연기에 거부감이 있었던 모양이다. 원래 그는 영국의 연극배우였고 가수는 아니었다. 그런데 미국에서 프로듀서가 찾아와 '뮤지컬에 출연해달라'고 제안한 것이다. <왕과 나>에서 왕 역할이었지만 해리슨은 거절했다. 연극배우라서 노래는 부르지 않는다고 말이다.

그리고 몇 년 후 다시 미국에서 뮤지컬 제안이 들어왔을 때도 해리슨은 말했다.

"전에도 말씀드렸듯이 저는 연극배우라서 노래는 안 부릅니다."

그러자 프로듀서가 이렇게 말했다.

"해리슨 씨, 물론 알고 있습니다. 그래서 노래하지 않아도 상관없습니다. 오케스트라가 뒤에서 연주하면 그 음악에 맞춰서 가사를 연극 대사라고 생각하고 읊조리면 됩니다. 평소처럼."

이렇게 해서 <마이 페어 레이디>의 히긴스 교수가 탄생했다. 뮤지컬은 보지 못했지만 영화에서 해리슨은 멋지게 말하듯이 노래를 불렀다. 멜로디에 따라 음정을 맞춰야 하는 부분은 매우 적다. 나머지는 가사를 말하듯이 읊조린다.

이런 이야기를 나는 여기저기서 자랑스럽게 떠들고 다닌다. 와다 씨한테 들은 그대로 전하는 것이지만 말하는 나는 물론 듣는 사람들도 매우 즐거워한다.

같은 이야기를 다르게 말해본다

와다 씨의 풍부한 잡담은 영화 세계에 국한되지 않는다. 그는 칵테일도 만들어낸 사람이다.

"특별히 내가 만든 게 아니에요."

분명히 와다 씨는 겸손하게 말하겠지만 거기에는 이런 일화가 있다.

와다 씨는 도쿄 진구마에에 있는 '바 라디오'의 단골손님이었다. 카리스마 바텐더인 오자키 고지 씨가 1972년에 열었는데 당시 활약하던 디자이너와 작가, 아티스트들이 모이는 반지하의 화려한 바였다. 그 후 세컨드 라디오, 서드 라디오로 가게를 확장했는데 지금은 오모테산도에 있는 서드 라디오만 남아 있다. 나도 와다 씨와 술을 마실 때는 이곳을 자주 찾았다.

그런데 와다 씨가 친하게 지내는 크리에이터들과 바 라디오에 자주 다니던 무렵 칵테일을 마시며 문득 깨달았다.

"칵테일은 할리우드 스타들의 이름을 딴 게 많잖아. 마를렌 디트리히나 진저 로저스, 험프리 보가트처럼 말이야. 그런데 프랭크 시나트라라는 이름의 칵테일은 없네."

와다 씨는 프랭크 시나트라를 매우 좋아했다. 동료들도 그러고 보니 그렇다면서 동의했다.

이렇게 해서 와다 씨와 동료들은 바 라디오에서 프랭크 시나트라의 이미지를 떠올리며 칵테일을 구상했다. 바텐더 오자키 씨가 "이런 느낌인가요?"라며 내미는 칵테일을 한 모금씩 시음하고는 좀 더 드라이해야 좋겠다거나 펀치가 조금 부족하다는 식으로 소감을 주고받으며 마침내 "이거야!" 하고 결론을 내린 칵테일에 프랭크 시나트라라는 이름을 붙였다.

와다 씨는 바텐더 오자키 씨가 만들었다고 하지만 이름을 지은 사람은 와다 씨가 분명하다. 칵테일에 붙은 것은 본명인 '프랜시스 앨버트 시나트라'다.

"프랭크 시나트라라고 하면 조금 재미없다는 말이 나왔거든."

이 칵테일은 이미 칵테일 사전에도 올라가 있다. 시험 삼아 교토의 바에 갔을 때 모르는 처하고 주문해봤는데, 제대로 만들어서 나왔다.

미리 말해두겠는데 이 칵테일은 상당히 독하다. 일반적으로 칵테일은 베이스가 되는 술에 과즙이나 리큐르 등을 섞는데 프랜시스 앨버트 시나트라는 칵테일 치고는 드물게 베이스 2가지를 반반 섞어서 만든다.

나는 와다 씨에게 들은 이야기를 여기저기 퍼뜨리고 다니는 탓에 때때로 "그 이야기는 전에도 했어!"라는 지적을 받곤 한다. 소중히 아껴둔 재미있는 이야기라서 나도 모르게 말하고 싶어지는데, 재미있는 이야기를 재미있게 말하면 상대방은 몇 번을 들어도 질리지 않을 것이다.

재미없으면 '아, 이 장황한 이야기를 또 들어야 해?' 하며 싫증을 내겠지만 말투에 절묘한 리듬과 구성과 기분 좋은 음색이 추가되면 그야말로 경청하게 된다.

같은 이야기라도 몇 번이고 하는 동안 점점 말하는 기술이 늘어난다. 어디에서 반응이 올까, 어느 부분이 지루할까, 얼마나 틈을 두고 결말을 말할까? 반복해서 말하다 보면 알게 된다.

가족이나 친구, 관계가 깊은 사람들에게는 민폐일 수 있지만 부디 긴 안목과 넓은 마음으로 지켜봐 주고 때때로 흘려들어 준다면 다행이겠다.

37

비극을 희극으로 바꾸는 말의 힘

불행한 일을 당했더라도 시간이 흘러 다시 일어섰을 때는
그 이야기가 누군가를 위로하는 작은 에피소드가 된다.

이야깃거리라는 것은 이상하게도 불행한 내용일수록 더 듣고 싶어지는 법이다. 남의 아픔이나 파국, 뜻밖의 사고 같은 이야기일수록 사람들은 끝까지 귀를 기울인다.

'남의 불행은 꿀맛'이라는 옛말도 있듯이 "나 끔찍한 일을 당했어"라고 고백한 순간 "어머, 무슨 일이야"라고 동정 섞인 목소리를 내면서도 눈이 반짝반짝 빛나는 것이 인지상정이다. 썩 좋은 일은 아니지만, 불행한 이야기가 소재로서 매력적인 것은 확실하다.

그래서 나는 젊은 사람들이, 좋아하는 사람에게 차이거나 이기고 싶었던 경기에서 지거나 시험에 떨어지거나 믿었던 친구에게 배신당하거나 괴롭힘을 당하거나 괴로워서 울고 싶고 때

로는 죽고 싶은 생각이 들 정도로 낙심하면 이렇게 위로하고 싶다.

"그런 생각하면 안 돼요! 살다 보면 반드시 시간이 해결해줄 겁니다. 그리고 시간이 흘러 다시 일어섰을 때는 괴로웠던 이야기가 보물이 되어 있을 거예요. 끔찍한 일을 당했다면 일단 울고 괴로워하고 울부짖고 슬퍼하세요. 그리고 한동안 시간이 흐른 뒤에 보물 한 가지를 얻었다고 생각해보세요."

시간이 지나면 괴로웠던 기억도 조금씩 바뀐다. 그때는 견디기 힘들었던 일도 어느새 웃으며 꺼낼 수 있는 이야기가 된다.

사람은 다른 사람의 불행에 흥미를 느낀다. 낯선 사람들과 어울리게 되었을 때 예전에 얼마나 끔찍한 일을 당했는지 주위 사람들에게 말해보는 것은 어떨까? 아마 가장 인기 있는 사람이 될 것이다.

사람들은 '나는 이 정도로 실적을 쌓았고 이렇게 노력해 부자가 되었다', '나는 훌륭한 사람을 만나서 훌륭한 인생을 보냈다'와 같은 이야기에는 관심이 없다. 오히려 자학적인 소재를 재미있게 말할 때 듣는 사람은 동정하면서도 크게 웃고, 말하는 사람은 자신이 충분히 단단해졌음을 깨달을 것이다.

불행한 일도 하나의 이야기가 된다

무엇보다 나는 '죽고 싶다!'라고 생각할 정도로 괴로운 경험을 한 기억은 없지만, 젊었을 때 전제군주에 남존여비 사상으로 똘똘 뭉친 아버지 밑에서 자주 울었던 적은 있다. 슬프고 괴로워서 밤이 되면 친구한테 전화를 걸어 이야기를 털어놓았다. 휴대전화가 없던 시절이어서 집 전화로 오래 통화하면 아버지에게 혼날까 봐 몰래 숨어서 전화를 했다.

"아무튼 아버지는 너무 심해. 늦게 들어왔다고 또 야단치시잖아. 나를 감싸주던 엄마도 소리치고. 아버지가 결국 밥상을 뒤집어엎을 뻔했는데 반찬이 아깝다며 동생들이랑 허둥지둥 접시를 집어 들었어. 정말 싫어. 이 집에서 나가고 싶어!"

울면서 호소하자 친구는 깔깔거리며 웃었다.

"너희 집 웃긴다."

그러고는 이렇게 말하는 게 아닌가.

"뭐 이삼일 지나면 가라앉지 않겠어?"

나는 울며 하소연했지만 친구는 웃으며 말했다.

"그래서 내일 어떻게 할래? 모토마치에서 뭘 먹을까?"

물론 며칠 지나면 아무렇지도 않게 되었지만, 어쨌든 내 불행이 다른 사람에게는 대수롭지 않은 일이라는 것을 깨달았다. 오히려 웃을 거리가 될 수 있다. 그 후 나는 '끔찍한 일을 당한 이야기'를 어느 순간 웃음으로 바꾸는 버릇이 생겼다.

자신의 불행을 웃음으로 바꿔서 말하면 상대방이 즐거워하는 것뿐 아니라 분명히 자신에게도 도움이 될 것이다. 웃는 사이에 상처는 조금씩 희미해지고, 우리는 그 일을 '고통'이 아니라 '이야기'로 기억하게 된다. 어쩌면 웃음은 버텨내기 위한 가장 인간적인 기술인지도 모른다.

38

무장해제시키는 가장 쉬운 말

칭찬받아서 기분 나쁜 사람은 없을 것이다.

그저 칭찬하는 것만으로 마음을 사로잡을 수 있다.

우리 집안은 예외라 하더라도 역시 일반적으로 남자들은 그다지 잡담 솜씨가 좋지 않은 것으로 보인다. 그곳이 자신이 날마다 출근하는 일터라고 해도 말이다.

나와 친한 여성 편집자가 자신이 근무하는 출판사의 편집부에서 상사를 상대로 악전고투를 벌인 시기가 있었다고 이야기했다. 좀처럼 무뚝뚝한 상사와 소통하기 힘들어서 늘 고민했다고 말이다.

"그랬는데 신입 여직원이 무슨 일인지 상사들이랑 사이좋게 이야기하는 거예요. 어쩜 저렇게 분위기 좋게 웃으면서 이야기할 수 있을까 싶어서 그녀를 불러서 어떻게 상사들의 마음을 사로잡았냐고 물어봤죠."

“그랬더니 뭐래요?”

“그랬더니 ‘간단해요. 칭찬하면 되는 걸요’라고 하잖아요. 칭찬하다니, 뭘 칭찬하는 거냐고 물어보니 ‘넥타이나 구두나 뭐든지 상관없어요. 저번에 쓰신 원고, 엄청나게 재밌었다고 해도 되고요’ 그러는 거예요.”

“칭찬하라는 거야?”

“맞아요. ‘그렇게 하면 상사들은 대체로 기분이 좋아져서 친절하게 대해주세요’라고 했어요.”

나도 그랬지만 그녀도 깜짝 놀랐다고 한다. 도대체 자신이 지금까지 얼마나 힘들었는지를 생각하면 해답이 너무 간단해서 허탈할 지경이었다는 것이다. 그저 칭찬하는 것만으로 상사의 마음을 사로잡은 신입에게 질투심까지 느꼈다고 한다.

칭찬에는 위아래가 없다

남을 칭찬하는 것은 확실히 효과가 있다. 칭찬받아서 기분이 나쁜 사람은 없을 것이다. 당연히 혼나는 것보다 칭찬받는 것을 좋아한다. 하지만 ‘나는 남들이 칭찬하는 건 믿지 않아!’라고 호언장담하는 사람도 있다.

한 디렉터는 대놓고 “저는 비난받으며 성장하는 타입입니다”라고 말했다. 그런데 그런 사람도 칭찬받자마자 “아이고, 그만

해"라며 화낸 적은 없을 것이다.

가식적이지 않을 정도로 상대방을 칭찬하면 아무리 나이 차이가 많이 나는 사람이라도 당연히 기뻐할 것이다.

편집자 Y가 신랄한 칼럼으로 유명한 야마모토 나쓰히코 씨에게 의논할 것이 있다며 말을 꺼냈다고 한다. Y는 작가와 어떤 식으로 대화하고 잘 어울려야 하는지 몰라서 망연자실하던 시기였던 모양이다.

"우수한 편집자가 되려면 어떻게 해야 할까요?"

Y가 물어보자 야마모토 씨는 아무렇지도 않게 말했다.

"간단해. 작가를 칭찬하는 거야. 칭찬하면 돼."

권위 있는 사람이라고 생각한 야마모토 나쓰히코 씨의 입에서 그런 말이 나오는 것을 보고 Y는 깜짝 놀랐다. 그리고 아무리 훌륭한 작가라도 속으로는 '이런 문장을 써도 괜찮을까?', '아무도 재미있다고 생각하지 않으면 어쩌지'라는 불안감을 품고 있다는 사실을 알았다.

작가뿐만이 아니다. 아무리 나이가 들거나 어떤 지위에 오르더라도 '내 일 처리가 어땠을까'라며 남몰래 긴장한다. 그런 사람이야말로 독선적으로 행동하지 않고 다른 사람의 말에 귀 기울이는 넓은 마음을 가지고 있다.

• • • •

말은 입을 통해 나오지만,
그 결은 마음에서 먼저 만들어진다.
말을 바꾸는 일은
문장을 바꾸는 일이 아니라
마음의 방향을 바꾸는 일이다.
무엇을 말할지를 고민하기 전에
어떤 마음으로 말할지를 정한다.
마음의 결을 어떻게 다듬어야 하는가?

Part 5

말에는 마음의 결이
담겨 있다

The Beginning of a Conversation

39

일인칭시점, 삼인칭시점

어떤 일인칭을 사용하느냐에 따라

상대방이 느끼는 이미지가 달라진다.

나는 학창 시절에 제대로 공부하지 않았지만, 딱 한 가지 스즈키 다카오 선생님의 언어학 강좌만큼은 기억에 오래 남아 있다. 수업 내용 중에 하나가 일본어의 일인칭은 이인칭에 따라 정해진다는 이야기였다.

영어의 경우 '나'는 'I'이고 이인칭 '너'는 'YOU'다. 상대가 누구이든 인칭대명사는 달라지지 않는다. 약간의 경어가 더해지거나 말투를 다르게 해야 하는 경우는 있어도, 세 살짜리 아이가 대통령에게 말할 때나, 남편이 아내에게 말을 걸 때, 연인이나 부모 자식 관계에서도 '나'는 어디까지나 '나'이고 상대방은 '너'가 된다.

그런데 일본어의 경우는 다르다. 상대방에 따라 일인칭이 변

한다.

예를 들어 자기 자식에게 말할 때 남자는 "아빠(아버지)랑 캐치볼 할까?"라고 할 것이다. 하지만 같은 인물이 회사에 가서 상사에게는 이렇게 말할 것이다.

"제가 이번 주 내로 안건을 정리해놓겠습니다."

퇴근 후 술집에서 대학 동창과 술잔을 기울이면서 이렇게 말한다.

"이 몸은 말이야, 이번 주 안에 자료를 정리해야 한다고. 정말 괴로워."

그리고 우연히 그곳에서 학창 시절 좋아하던 여자를 만나면 이렇게 바뀐다.

"저는 진심으로 당신을 좋아했습니다."

그리고 남자는 집으로 가는 도중에 길 잃은 아이를 발견하고 또 이렇게 말한다.

"밤늦게 왜 혼자 다니니? 아저씨가 파출소에 데려다줄까?"

집에 돌아오면 다시 '나'가 된다.

"여보, 내 파자마 어딨어?"

이런 식으로 상대방에 따라 자신을 가리키는 주어가 자연스럽게 바뀐다.

상대방에 따라 달라지는 일인칭

여자들도 마찬가지다. 엄마의 입장이 되면 자신을 '엄마'나 '어머니'로 호칭하고, 허물없는 친구를 만나면 '나'라고 표현한다. 하지만 조금 점잖은 모임에 참석해서는 "전 아이가 둘입니다"라고 말한다.

여담이기는 하지만 소설 속에서 일인칭을 사용하는 방법에 따라 독자가 머릿속으로 그리는 이야기의 세계가 완전히 달라진다. 무라카미 하루키의 소설에서 주인공이 '저'라고 지칭하는 것을 보고 꽤 큰 충격을 받았는데, 하드보일드 소설에서 주인공은 '나'라고 하는 경우가 많다. 남자가 자신을 '저'라고 말하면 '등장인물이 꽤 고지식하구나'라고 상상하게 될 것이다. 이렇듯 어떤 일인칭을 사용하느냐에 따라 상대방이 느끼는 이미지가 상당히 달라진다.

그런 점에서 일본어의 경우 여성의 일인칭은 폭이 좁아 '나', '저' 정도밖에 변화를 줄 수 없어서 인품이나 배경을 추측하기 어렵다. 남성에 비해 불리한 점이 있다고 늘 느낀다.

40

배려하는 언어 구조

자신의 의견을 말하는 것도 중요하지만
상대방의 태도를 살펴서 맞춰야 할 때도 있다.

일인칭이 이인칭에 따라 달라지는 이유는 아마 자신을 상대방에게 맞추려고 하는 성향 때문일 것이다. 비슷한 언어적 특성이 '긍정인지 부정인지 문장 끝에서 결정된다'는 것이다.

영어의 경우 주어가 오고 그 뒤에 바로 긍정인지 부정인지 결정해야 한다. 'I like beer' 또는 'I don't like beer'와 같이 '나는'이라고 말하자마자 좋아하는지 싫어하는지가 따라온다. 그러나 일본어에서는 '맥주를 좋아……합니다' 또는 '맥주를 좋아…… 하지 않습니다'와 같이 끝까지 결론을 미룰 수 있는 언어구조로 이루어져 있다.

상대방에 따라 달라지는 긍정과 부정

상사와 회식하는 자리에서 "술은 뭘로 할까요? 역시 뭐니 뭐니 해도 처음은 맥주……?"라고 말하려고 할 때 상사가 빙그레 웃으면 "~가 좋겠지요?"라고 이어서 말하면 된다. "맥주……?"라고 했을 때 상사가 미간을 살짝 찌푸리면 "~는 아니죠. 부장님, 샴페인 좋아하시죠?"라고 종류를 슬쩍 바꾼다.

상대방의 눈치를 살피며 어떻게든 조정할 수 있는 것도 이 언어구조의 장점이다. 상대방에 따라 자신의 발언을 얼마든지 바꿀 수 있으니 한편으로는 편리하기도 하다.

일본인은 언어구조상으로도 '자신의 의견을 말하기 전에 먼저 상대방의 태도를 살핀다'는 생각이 뿌리 깊게 정착한 것이 아닐까?

자신의 의견을 말하지 않는다는 것을 부정적으로 볼 수도 있다. 하지만 상대방의 반응을 살피며 상대방의 기분을 상하게 하지 않도록 애쓰는 배려라고 생각하면 이러한 언어구조를 얼마든지 잘 활용할 수 있다.

41

적당한 간격을 두고 넣는 추임새

작은 호응 하나가 분위기를 살리고,

대화는 한결 부드럽게 이어진다.

자신이 말하는 동안 눈앞에 있는 상대방이 아무 반응 없이 계속 가만히 있으면 불안해지지 않는가? '도대체 내 이야기를 듣고 있는 걸까? 이해하고 있을까? 애초에 안 듣는 것 아냐?' 하는 생각이 든다.

말하는 사람이 이런 불안감을 가지지 않도록 듣는 사람은 적당한 간격으로 추임새를 넣어주는 것이 좋다.

"어제 말이야."

"응."

"남편이 한밤중에 갑자기 심장이 아프다고 하지 뭐야."

"어머, 무서웠겠다."

"걱정되어서 구급차를 부를까 하고 물어봤더니……."

"그랬더니 뭐래?"

"싫다는 거야. 하는 수 없이 물도 가져오고 진통제도 찾아서 갖다주고 따뜻한 물수건도 이마에 대줬지."

"따뜻한 물수건이 심장에 효과가 있어?"

"모르겠어. 하지만 뭐라도 해야겠다 싶어서."

"그래서 어떻게 됐어?"

"불안해서 밤새 잠도 제대로 못 잤어."

"그렇겠지. 잠이 오겠니?"

"그런데 아침에 일어나니까 남편이 골프 치러 나간다더라."

"그건 좀 너무하지 않니?"

"나도 그렇게 말했어. 근데 이미 약속한 거라서 어쩔 수 없다는 거야."

"아무리 약속했다고 해도 그렇지."

"결국 골프 치러 나갔어. 난 걱정되어서 안절부절못하고 있었는데, 골프 치고 돌아오더니 '최고 점수를 기록했다'며 엄청 신났더라. 심장 통증은 어디로 싹 날아가 버렸나 봐."

"뭐야. 그래도 다행이네."

"아무래도 나랑 있으면 심장이 아픈가 봐. 열받지 않아?"

"정말 열받네."

이런 식으로 상대가 말하는 사이사이에 맞장구를 치거나 상대방의 말을 따라 하면서 공감해주면 편하게 이야기를 이어갈 수 있다.

이런 템포로 주고받는 대화는 옛날 만담과 비슷하다. 또한 더 거슬러 올라가면 민요에도 '추임새'는 필수다. 추임새가 들어가느냐 마느냐에 따라 흥이 달라진다.

다른 사람이 이야기할 때는 적당히 추임새를 넣거나 맞장구를 치고, 또는 상대방의 말을 따라 하는 것만으로도 대화의 분위기가 점점 무르익을 것이다.

42

남자는 비즈니스형 소통, 여자는 관계형 소통

남자들은 일과 관련된 것이라면 적극적으로 움직이고,

여자들은 공통적인 고민에 마음이 끌린다.

상대방과의 관계가 명확해지기 전까지는 말을 아끼는 사람들이 있다. 상대방이 자신과 어떤 관계이며 어느 쪽이 위이고 아래인지 확실해지기 전까지는 어떤 식으로 대하고 어떤 말을 해야 할지 짐작할 수 없을 것이다.

가끔 초밥집에서 눈에 띄는 광경이 있다. 카운터석에 나란히 앉은 남자들이 저미디 혼자 온 손님인 경우 치음에는 서로 기만히 술잔을 기울이다 때때로 나지막한 목소리로 직원에게 주문한다.

"이제 슬슬 초밥을 만들어주세요. 자, 처음에는 전어."

곧 눈앞에 전어 초밥이 놓인다. 그러면 회를 먹던 옆자리 남사가 선어 쪽을 흘끗 보며 소심스럽게 주인상에게 발을 건다.

"나도 전어부터 부탁해요."

그러면 먼저 전어를 먹기 시작한 사람이 옆사람을 보면서 한 마디한다.

"처음에는 역시 전어죠."

"저도 그래요. 전어, 맛있잖아요."

이렇게 자연스럽게 대화가 시작되는데 처음에는 조심조심하며 조금씩 간격이 뜸하다. 그러다 한쪽 남성이 술병을 기울이며 옆 사람에게 술을 따르려고 한다.

"괜찮으면 한잔 받으시죠."

"아니, 이것 참 송구스럽네요."

이런 식으로 말수가 점점 늘어난다. 그래도 아직은 정중한 관계다.

그렇게 술잔을 주고받다가 살짝 취기가 돌면 본격적으로 대화가 시작된다.

"실례지만 여기는 어떻게 알게 됐나요?"

"대학 동기를 따라와서 알게 되었지요. A대학교인데요."

"A대학교? 이것 참 기막힌 우연이군요. 사실 저도 A대학교를 나왔거든요."

"진짜요? 몇 년도에 졸업했나요?"

"○○년요."

여기서 나이가 밝혀지고 순식간에 어색한 관계가 허물어

진다.

"뭐야, 내 3년 후배였네. 그렇지, 그럼 ○○라고 아나?"

"네. 바로 그 ○○ 씨가 이곳을 처음 소개해줬어요."

"역시 그랬군. 나도 그 친구랑 여기서 자주 만나거든."

이런 식으로 분위기가 점점 무르익고 거리도 한층 더 가까워진다. 남자들의 경우 대개 어느 쪽이 연상이고 연하인지 판명되는 순간 갑자기 말투가 달라진다. 같은 대학교 출신이기 때문만은 아니다. 아무래도 나이가 관계를 구축하는 데 중요한 요소로 작용하는 것이다.

남자들을 움직이는 법

부모님의 임종을 지켜봐 준 요양병원 '요미우리랜드 케이유병원'의 창설자 오쓰카 노부오 선생님에게서 흥미로운 이야기를 들었다.

그분과는 《돌보는 힘》이라는 간병에 관한 대담 형식의 책을 함께 썼다. 선생님의 지론은 매우 독창적이고 무엇이든 너그럽게 받아주시는 분이라서 내가 부모님을 간병하며 마음이 우울할 때 얼마나 큰 힘이 되었는지 모른다.

아버지는 말년에 흡인성 폐렴을 일으켜 응급으로 입원하셨는데 그로부터 한 달 뒤 회복해서 일반식을 먹을 수 있게 되었을 때 이런 말을 꺼내셨다.

"장어가 먹고 싶구나."

인두 점막이 노화해서 음식물이 폐로 잘못 들어간 탓에 폐렴을 일으킨 지 얼마 되지도 않았는데 장어 가시가 목에 걸리면 또 폐렴이 재발할 수도 있었다. 아무리 아버지의 강력한 바람이라고 해도 들어줄 수 없었다. 그래서 나는 딴소리하지 못하도록 확실한 대답을 받아두려고 오쓰카 선생님을 찾아가서 물어봤다.

"선생님, 아버지가 장어를 먹고 싶다고 하시는데 역시 안 되겠죠?"

"장어요? 괜찮지 않을까요?"

"괜찮다고요? 먹어도 된다는 말씀인가요?"

깜짝 놀라서 되묻자 오쓰카 선생님은 웃으며 말씀하셨다.

"좋아하는 음식은 목으로 잘 넘어간답니다."

싫다, 싫다 하면 목에 걸리지만 먹고 싶다는 마음이 강하면 본인도 조심해서 삼키기 때문에 목으로 잘 넘어간다. 만에 하나 목에 걸리면 의사들이 있으니 안심하라는 뜻이었다.

그 말을 듣고 나는 고령자를 대하는 오쓰카 선생님의 철학을 전폭적으로 믿게 되었다.

어느 날 오쓰카 선생님이 말했다.

"입원한 환자들을 위해 때때로 위층의 레스토랑에서 음악회를 열거나 이벤트를 개최하기도 하는데 '모이세요'라고 해도 오는 분들은 대체로 여자들뿐이에요. 남자 환자들은 병실에서 거의 나오질 않아요."

난감해하던 그는 좋은 아이디어를 생각해냈다.

"남자 환자들에게는 음악회에 참석하거나 대화하자고 권유해도 관심을 보이지 않는데, 'ㅇㅇ 씨, 위층에서 회의가 있는데 참석하실 수 있나요? 가능하면 그곳에서 한말씀 부탁합니다'라고 하면 떨떠름해하면서도 나오신답니다."

역시 남자들은 오락에는 소극적인 태도를 보여도 일과 관련된 것이라면 적극적으로 행동하는 습성이 있다.

또 어느 날, 오쓰카 선생님은 남자 환자들은 다른 환자들이 모이는 장소에 나오더라도 좀처럼 대화를 하지 않고, 다른 사람과 교류하는 데 의욕이 없어 보인다는 점을 깨닫고 좋은 생각이 떠올랐다고 한다.

'그래, 명함을 만들어야겠다!'

남자 환자들에게 그 사람의 이름이 인쇄된 명함을 나눠주고 각자 들고 다니게 했다고 한다. 남자들은 명함이 있으면 다른 사람과 대화할 계기가 생기는 것 같다.

그런데 그 명함에 어떤 직함을 넣었을까? 그 내용까지는 듣지 못했지만 자기가 좋아하는 직함을 넣으면 그것이 대화를 시작하는 실마리가 되기도 한다.

예를 들어 예전에 쌓은 실적을 중요하게 여기는 사람이라면

‘전 ○○주식회사 사장’이라고 진지하게 쓸지도 모른다.

그런데 그중에는 ‘음악가’라고 인쇄하는 사람도 있다.

“오, 당신은 음악가였군요? 어떤 악기를 다루나요?”

“우쿨렐레요. 여든 살부터 시작했지요.”

그것만으로도 이야깃거리가 늘어난다.

이전에 어머니가 케이유 병원에 입원했을 때 복도에서 휠체어를 탄 채로 자꾸 간호사를 꾸짖는 할아버지가 있었다. 무슨 일로 화를 내나 싶어서 귀를 기울여보니 아무래도 명함을 건네며 제대로 인사하지 않은 것에 화가 난 모양이었다.

“당신한테 아직 명함을 못 받았어. 아까부터 달라고 했잖아!”

“죄송합니다. 지금 가지고 올 테니 잠시만 기다리세요.”

간호사도 익숙해졌는지 인지장애를 가진 환자의 마음속에 들어가 제대로 비즈니스 세계에 맞춰 어울렸다. 남자들에게는 명함이 무기구나, 하는 것을 그때 다시 한 번 느꼈다.

여자들은 고민으로 친해진다

그렇다면 여자들의 경우에는 어떨까? 나이가 많거나 지위가 높은 여성과 대화할 때 처음부터 동등하게 말하는 것은 아니지만 일단 친해지면 누가 위이고 아래인지는 그다지 중요하지 않다. 오히려 마음이 잘 맞는지, 대화를 나누면 즐거운지가 거리를 좁히는 데 중요한 요소다.

여자들의 경우 나이보다 오히려 공통된 고민거리나 문제가 있는지에 따라 거리감이 완전히 달라진다. 같은 마음과 생각을 품은 사람끼리는 이야기하기 편한 경향이 있는지도 모른다.

이를테면 둘 다 부모님을 간병하느라 고군분투하는 중이거나, 서로 결혼하지 않고 일에 빠져서 바쁘게 지내거나, 반대로 전업주부끼리 자녀의 진학 문제로 고민이 많은 경우에 자연스럽게 대화가 이어진다.

'남이 하는 이야기는 90퍼센트가 자랑과 불평'이라는 쇼지 사다오 씨의 말을 빌리자면, 같은 내용의 불평을 실컷 말할 수 있는 관계일 때 화제가 끊이지 않고 친해지기 쉽다.

그러나 살아가다 보면 환경이나 처지, 상황은 시시각각 변화한다. 얼마 전까지 부모님의 간병 문제로 고민하던 사람이 어느 시점에 간병에서 벗어났는데 이번에는 남편이 병을 얻어서 또다시 허둥지둥하는 나날이 시작된다. 그러면 간병으로 맺어진 친구와는 저절로 소원해지고 만다.

그래서 여자들의 우정은 오래가지 않는다고 하기 쉬울지도 모른다. 하지만 여러 사람과 다양한 화제로 교류할 수 있다는 점에서는 매우 변화무쌍하고 풍부한 대화를 체험할 수 있다.

43

마음의 태도가 말을 결정한다

'항상 기뻐하라'는 좌우명은 어떤 상황에서도

마음의 방향을 잃지 말라는 태도에 가깝다.

내 좌우명은 '항상 기뻐하라'다. 이 말은 성경의 한 구절이다. 《신약성경》〈데살로니가 전서〉에 "항상 기뻐하라. 쉬지 말고 기도하라. 범사에 감사하라"고 쓰여 있다.

중고등학교 시절 나는 기독교 계열의 여학교에 다녔다. 기독교인은 아니었지만 매일 아침 예배에 참석해서 성경을 읽거나 찬송가를 부르는 것이 일상이었다. 졸업이 가까워져서 마침 졸업 앨범을 만들 때였다. 학생 개개인이 자기 얼굴 사진 옆에 '좌우명'을 써서 남기기로 했다.

좌우명을 찾으려고 성경책을 넘겨보다가 이 구절을 우연히 발견했다. 쉬지 말고 기도하기는 어렵다. 범사에 감사하라고 해도 못 할지도 모른다. 하지만 '항상 기뻐하라'는 말이라면 왠지 모르게 실천할 수 있을 것 같았다. 그때는 깊이 생각하고 '좌우명'으로 삼은 것은 아니었다.

그런데 그로부터 한참 지나 서른 살 즈음 사회에 나가 일을 시작하고 많은 사람들을 만나면서 혼나거나 울거나 불평할 때 문득 이 말이 생각났다.

'항상 기뻐하라.'

아무리 하기 싫은 일이나 할 수 없을 것 같은 일을 왜 해야 하는지를 생각하면 화가 날 때도 '항상 기뻐하라'는 마음만 있으면 어떻게든 될 것 같았다.

나는 본질적으로 불평이 많고 쉽게 울컥해서 미간에 주름이 잡힐 때가 많지만, 그런 나쁜 방향으로 마음이 움직이기 시작하면 서둘러 나 자신을 타이른다.

'자자, 항상 기뻐해야지!'라고 말이다. 또한 모든 일에 대해서는 아니지만 '감사하고 또 감사한다.' 건강에 감사, 일에 감사, 나와 관계를 맺고 있는 모든 사람에게 감사한다.

44

쓸데없는 말의 쓸모

잡담은 시간을 낭비하는 말이 아니다.

마음의 긴장을 풀기 위해 우리가 본능적으로 찾는 가장 작은 위로다.

경제 소설가 다카토 가즈오 씨의 책《이직 – 회사를 그만두고 깨달은 것》에 재미있는 이야기가 있다.

다카토 씨는 소설가가 되기 전에 미쓰이물산에 근무하던 회사원이었다. 쉰 살을 기점으로 회사를 그만두고 전업 소설가를 지망했다. 다시 말해 날마다 아침 일찍 집을 나와서 밤늦게까지 퇴근하지 못하는 생활을 오랫동안 계속해온 다카토 씨가 온종일 집에 있게 된 것이다.

그러자 여러 가지 문제가 생기기 시작했다. 자신의 몸 상태와 생활 리듬이 달라졌을 뿐만 아니라 부인의 생활 리듬도 점점 변했다. 그런 것들이 다카토 씨는 재미있게 느껴졌고 중도 퇴사한 사람과 해고당해서 어쩔 수 없이 이직한 사람 등을 착실히 취재하여 어떤 일이 일어났는지를 정리했다.

그렇게 해서 알게 된 사실 중 하나는 아무래도 가장이 온종일 집에만 있으면 아내는 몸 상태가 안 좋아진다는 점이다. 말하자면 퇴직한 남편의 존재가 스트레스 원인이 되어 생기는 부원병(夫源病)이다. 다카토 씨가 그 책을 쓴 1998년 무렵에는 아직 부원병이라는 말도 없었을 것이다. 왠지 몸이 안 좋다, 현기증이 난다, 입맛이 없다 등의 증상으로 병원에 가봐도 "검사 결과는 이상 없습니다"라는 말을 들을 뿐이니, 아내로서는 괴로울 따름이다. 그러다 최종적으로는 원인이 남편에게 있다는 사실을 알게 된다.

아내가 부원병에 걸리지는 않았지만 그런 실정을 알게 된 다카토 씨도 이건 남의 일이 아니다 싶어서 아내에게 폐를 끼치지 않도록 집필하는 틈틈이 되도록 산책하러 나가는 습관을 들였다고 한다.

잡담은 가장 쉬운 심리적 휴식

집을 나와서 산책을 하던 다카토 씨는 늘 지나가는 골목에서 이웃에 사는 부인 서너 명이 둘러앉아 수다를 즐기는 모습을 곁눈으로 보았다. 1시간 정도 걸어 다니다 다시 그 골목으로 되돌아오면 아까 본 그 부인들이 여전히 수다에 푹 빠져 있었다. 다카토 씨는 깜짝 놀랐다. 저렇게나 할 말이 많다니, 게다가 정말로 즐거워 보이는 것이었다. 어쩜 그리 즐겁게 오랫동안 수다를 떨 수 있는 걸까? 그는 여성의 수다 능력이 대단하다고 느꼈다.

집에 돌아와서 아내에게 그 이야기를 했더니 아내는 이렇게 말했다.

"잡담은 여자들한테 스트레스 해소거든요."

"그래? 여자들은 좋겠네. 수다를 떨면 스트레스를 발산할 수 있으니까."

"남자들도 떠들면 되잖아요."

아내가 그렇게 말해도 남자란 자고로 쓸데없는 말은 하지 말라고 회사원 시절에 혹독하게 교육을 받았기 때문에 그럴 수 없다고 대답했다. 그러자 아내가 물었다.

"남자들도 술 마시면서 스트레스를 풀잖아요?"

다카토 씨는 술로 스트레스를 풀 수 없다고 말했다. 부하직원과 술을 마시면 일에 대한 불평이나 의논할 거리를 꺼내고, 상사와 술을 마시면 잔소리를 듣는다는 것이다.

나는 그 대목을 읽고 깜짝 놀랐다. 조직에 근무하는 남자들은 (지금은 여성들도 그렇겠지만) '쓸데없는 말은 하지 말라'는 교육을 받기 때문에, 회사를 위한 일이라면 필사적으로 말하지만 평소에는 최대한 입을 다무는 버릇이 생긴 것인지도 모른다.

45

다정하게 말하는 습관

한동안 우리 집안에는 조직에 근무한 경험이 있는 남자가 없었다. 지금은 남동생들이 회사에 다니고 있지만, 조직에서 '남자는 쓸데없는 말을 하지 말라'는 교육을 받은 적이 없다. 또 애초에 수다스러운 유전자를 타고나기도 했다.

《마음을 여는 듣기의 힘》을 출간했을 때 중학생 때부터 어울린 친구가 그 책을 쓴 사람이 바로 나인 것을 알면서도 이런 농담을 건넸다.

"아가와, 이 책을 읽어보는 게 좋겠어. 너한테 도움이 될 거야."

그 정도로 나에 대해 잘 아는 친구는 나에게 '듣는 힘'이 있을 리가 없다고 생각했다. 그뿐만 아니라 '늘 쉬지 않고 떠드는 아가와'라는 인상이 강했다.

책을 읽은 독자들에게 이런 질문을 받은 적도 있다.

"듣는 능력은 가정에서 기르셨나요?"

나는 즉시 부정했다.

"천만에요. 우리 집은 온 가족이 남의 이야기를 듣지 않아요. 어디에서 어떻게 자기 이야기를 할까 그 기회만 노리는 데 온통 신경을 쏟죠."

오빠는 어릴 때 아버지가 '지퍼'라는 별명을 붙여주었다. 입에 지퍼를 채우라는 뜻이다.

남동생 둘이 있는데 큰동생이 중학생 때 하도 끊임없이 떠들어대기에 어느 날 나는 화가 머리끝까지 치밀어 오른 나머지 "일단 5분만 입 다물어봐. 5분만 조용히 하면 용돈 500엔 줄게"라고 평화협정을 맺을 정도였다.

그러자 동생이 반론했다.

"5분 동안 입을 다물라고? 그러면 난 죽을 거야. 나한테 수다는 산소를 들이마시는 것이나 다름없으니까. 생선을 뭍으로 건져 올리는 것과 같다고."

남동생 정도까지는 아니었지만 나 역시 결코 조용한 딸은 아니었다. 누군가 무슨 말을 하면 곧바로 반박하고 소란을 피우며 참견해댔다. 그러면 아버지는 호통치고 나는 우는 나날이 반복되었다.

그런 가족이 한자리에 모이는 저녁식사 시간은 그야말로 난리법석이었다.

"밥 좀 더 줘."

"다른 사람한테 부탁하지 말고 직접 떠다 먹어. 다리 뒀다 뭐 할래?"

"이 고기 참 맛있네. 간장 좀 갖다줘."

"아, 누나. 간장 가지러 가는 김에 밥 좀 퍼다줘."

"그러니까 직접 퍼다 먹으랬잖아!"

"여보, 청주 좀 따끈하게 데워주시게."

"맞다, 전화해야 하는데 깜박했네!"

"식사하는 중에 일어나지 마."

"있잖아, 엄마. 내일 학교에서 말이야……."

"술이 너무 뜨거워지는 거 아닌가?"

"이 감자 샐러드 다 먹어도 돼?"

"안 돼. 나 아직 한입도 안 먹었어."

이것을 단란한 가족의 평화로운 광경이라고 할 수 있을까?

이런 상황에 아버지의 원고를 가지러 온 편집자까지 합석하기도 했다.

"이 오리고기 맛있네요."

편집자 K씨가 가족끼리 대화하는 틈을 비집고 들어와 말했다.

“난 우유 마셔야지.”

“냉장고에 있으니까 직접 꺼내 마셔.”

“오리고기 맛있어요. K씨, 한 점 더 드세요.”

“냉장고에 우유 안 보이는데?”

“있다니까. 잘 찾아봐.”

“여보, 이 오리고기에는 레드 와인이 어울리려나? K씨에게 레드 와인을 한잔 드리는 게 어때?”

“레드 와인요? 그런 게 있었나?”

“지난번에 사온 칠레 와인 있지 않나?”

“뭐야, 오리고기 다 먹었어? 나 아직 한 점밖에 못 먹었는데.”

“우유 찾았어.”

“그럼 네가 구워 오렴. 아직 안 구운 오리고기가 남아 있으니까.”

“형, 나도 우유 마실래.”

그러자 갑자기 K씨가 말했다.

“오호, 오리는 우유를 먹고 자라나요?”

원래 미야자키 출신인 K씨의 성격이 푸근하다는 것은 알았지만 아가와 집안사람들의 대화가 너무나도 격렬했던 탓인지 아무래도 혼란스러웠던 모양이었다. K씨의 말을 듣고 오빠와 남동생, 나까지 웃음을 참을 수 없어 자리에서 일어나 부엌에 숨어서 자지러지게 웃은 기억이 있다.

아버지는 자주 이렇게 중얼거리셨다.

"내 평생에 한 번이라도 좋으니 제발 조용히 저녁밥을 먹고 싶다."

하지만 그렇게 말하는 아버지도 결코 과묵하다고 할 수 없었다.

가족 중에 비교적 조용한 사람은 어머니와 작은동생이었다. 형들과 누나의 수다 속에 파묻혀서 늘 묵묵히 식사하고 "잘 먹었습니다"라고 조용히 말하고는 차분히 식탁을 떠났다. 그런 막내아들의 모습을 보던 아버지가 어느 날 어머니에게 물었다.

"저 녀석 괜찮나 몰라. 저렇게 말수가 적어서야, 원. 혹시 병이라도 있는 거 아닌가?"

"글쎄요, 그럴 리는 없을 텐데."

"담임 선생님한테 한번 물어보는 게 어때?"

"그럴까요?"

이렇게 해서 어머니는 동생의 초등학교 담임 선생님을 찾아가서 사정을 설명했더니 뒤에 선생님이 이렇게 말씀하셨다고 한다.

"무슨 말씀이세요. 아가와 군은 반에서 가장 많이 떠드는 학생이랍니다."

작은동생은 지나치게 말이 많은 가족에게 둘러싸여 집에서는 떠들 틈이 없었던 모양이다.

다정함은 가장 강한 말의 기술

나와 열아홉 살 차이 나는 작은동생은 아버지가 쉰한 살에 태어난 막내다. 그때는 '혹시 사와코의 아이를 거둔 거 아냐?'라며 아버지의 친구들이 놀려댔는데 아버지에게는 그야말로 마른하늘에 날벼락처럼 나타난 보물이었다.

작은동생을 보면 정말로 막내는 똑똑하고 귀여운 존재다. 실제로 아버지는 외딸인 나와는 셀 수 없을 정도로 자주 충돌했지만, 막냇동생을 야단친 적은 거의 없다.

아버지가 돌아가신 뒤 막내에게 물어봤다.

"넌 아버지한테 혼난 기억이 있니?"

그러자 동생은 잠시 고개를 갸웃거리더니 말했다.

"으음, 진심으로 혼난 적은 두 번 정도였나?"

나는 아버지와 60여 년간 함께하는 동안 칭찬을 받은 적이 딱 두 번밖에 없는데, 나도 모르게 질투가 났다.

하지만 남동생은 아마 '자신만 편애했다'는 말을 듣고 싶지 않았나 보다.

"막내한테는 막내만의 고민이라는 게 있다고. 부모님의 나이가 많으니까 내가 성인이 되기 전에 돌아가시면 어쩌나, 여러 가지로 괴로워한 적도 있어. 그때 누나랑 형들은 이미 독립해서 나갔잖아. 혼자 고민한 적도 많아."

조용히 반론하는 모습을 보니 확실히 형제는 저마다 입장과 순서에 따라 부모와의 관계를 독자적으로 구축해서 경험하고 극복해나간다는 것을 실감했다.

그렇다고 해도 왜 막냇동생은 아버지와 별로 충돌하지도 않고 이 난세의 아가와 집안에서 조용히 자랄 수 있었을까?

원래 다른 형제들과 달리 다른 사람의 기분을 거스르거나 쓸데없이 반항하지 않는 경향이 있다는 것은 인정한다. 그런데 그뿐만이 아니다. 분명히 누나, 형의 말썽을 어릴 때부터 가만히 관찰하고 '이런 말을 하면 아버지가 화내겠구나', '이런 짓을 저지르면 또 티격태격할 게 분명해'라며 하나씩 마음속 메모장에 기록한 것이 아닐까 싶다. 또 그런 것을 남몰래 축적해서 그야말로 독자적인 막내의 처세술을 터득한 것이 아닐까.

예를 들어 마작 약속이 생겨서 아버지가 들뜬 마음으로 외출하려고 준비했을 때 내가 "어, 마작하러 가세요?"라고 물어보면 아버지는 사납게 덤벼들듯이 대답한다.

"가면 안 되냐!"

그런데 막냇동생이 나와 미찬가지로 "아버지, 마작하러 가세요?"라고 물어보면 한없이 부드럽다.

"그래, 이기면 용돈 주마."

하지만 분명 내 말투에는 가시가 있었을 것이다. 그에 비해 남동생의 목소리에는 다정함이 담겨 있다. 눈치 빠른 아버지는 그 점을 알아차렸을 것이다.

누구에게나 사랑받는 존재

동생의 말과 행동을 지켜보는 동안 나는 막내라는 존재에 호기심이 생겼다. 그도 그럴 것이 인터뷰하면서 막내라고 하는 사람들이 주위 사람들에게 사랑받고 능숙하게 어리광을 부리며 일의 성과를 올리는 사례가 많다는 사실을 깨달았다.

물론 책임감이 강한 장남 장녀 중에 훌륭한 사람도 수두룩하다. 이주인 시즈카 씨는 전형적인 장남 기질을 가졌다. 자기 가족뿐만 아니라 친한 사람이나 존경하는 사람이 궁지에 몰리면 즉시 달려가서 지켜주려고 하는 형님 같은 듬직함을 여러 번 발휘했다.

형제들 사이에 끼어서 차남이나 셋째 딸, 넷째 아들로 자라 성공을 거둔 사람도 꽤 많다. 그렇다 해도 막내는 특별한 입장이다. 다른 형제들에게서 볼 수 없는 냉정한 관찰력과 결코 가식적이지 않은 타고난 사랑스러움을 겸비한 것 같다.

록밴드 '더 스파이더스'의 멤버였던 이노우에 준 씨에게 들은 이야기가 있다. 그는 시부야의 부잣집에서 그야말로 나이 차이가 크게 나는 막내로 태어났으며, 열세 살의 나이에 꿈 많은 청년들이 만든 서클 '롯폰기 야수회'의 멤버가 되어 롯폰기를 배회하고 다녔다고 한다.

그렇다고 해도 이야기를 들어보면 불량한 느낌은 전혀 없고 오로지 새롭고 재미있는 문화를 찾아서 눈을 반짝이며 모험하는 소년과 같은 인상이었다. 그런 기회를 얻을 수 있었던 계기는 이노우에 씨보다 네 살 많은 미네기시 도오루 씨의 영향이 컸다고 한다. 미네기시 씨는 이노우에 씨를 데리고 놀러 다녔고 귀가 시간이 늦어지면 "준, 우리 집에서 자고 가"라고 말했단다.

"미네기시 씨는 니혼바시 하마초에 있는 고급 요정에서 자란 도련님이었기 때문에 호탕하고 멋진 분이었죠. ……집에 찾아가면 가족들과 게이샤들까지 환대해주었습니다."

"유흥을 배우기에 너무 이르지 않았나요?"라고 내가 웃으며 물었다.

"어느 날 미네기시 씨에게 '성인 남자로 보이려면 어떻게 해야 할까요?'라고 물어본 적이 있어요. 미네기시 씨가 '역시 양복을 쪽 빼입어야 어른이 될 수 있겠지'라고 하기에 야수회 멤버였던 양복집 후계자 녀석한테 의논했더니 '좋아, 내가 만들어줄게'라고 하더라고요. 열다섯 살에 처음으로 맞춤 양복을 입은 적도 있습니다."

지금으로서는 꿈같은 일이다. 당시에는 세상이 더 너그럽고 낭만적이어서일까. 아니면 주위에 부자들이 많았던 것일까. 역시 이노우에 준 씨의 인품과 '왠지 보살펴주고 싶은' 막내의 분위기 덕분이 아닌가 싶다.

그 후 이노우에 씨는 '더 스파이더스'라는 밴드를 결성하고 그 안에서도 막내를 벗어나지 못했다. 가족 중에서도 막내, 야수회에서도 막내, 더 스파이더스에서도 막내로 일관해온 이노우에 씨는 분명 가장 아랫사람으로서 쓰디쓴 경험도 많이 겪었을 것이다.

하지만 그런 비굴한 모습은 조금도 보이지 않았고 늘 기분이 좋았으며 항상 긍정적이었다. 70대 중반이 지난 지금도 "여러 선배님을 보면 정말로 고생하시는데 그런 입장이 되지 않아도 되니 다행이라고 생각한다"라고 말한다. 역시 여기에도 부드럽지만 날카로운 관찰력이 숨어 있는 듯하다.

다정함은 타고나는 것인가?

내가 만난 사람 중에도 막내 같다는 느낌이 드는데 역시나 막내였던 사람이 많다. 아무래도 막내 특유의 분위기가 있는 것처럼 말이다. 그러고 보니 모차르트도 7남매 중 막내다.

물론 모든 막내가 긍정적이고 어리광을 잘 부리며 걱정 없는 듯이 행동한다는 말은 아니다. 그러나 늘 윗사람의 움직임을 의식하고 거기에서 배우며 이득을 얻고 그것을 바탕으로 자신의 능력을 찾아 성장시켜나가는 사람은 아무리 나이가 들어도 '드디어 내가 남들 위에 섰다'라는 오만함을 품지 않을 것이다.

이를 '미덥지 못하다'고 평가할지, 아니면 누구에게나 '붙임성이 좋다'고 느낄지는 모르지만 이 막내의 특성을 빌려서 사람들에게 다가가보면 역시 '누구에게나 사랑받는 존재'의 가치를 알수 있을 듯하다. 또한 이 막내 기질이야말로 '남의 말을 잘 듣고그 안에서 대화의 힌트를 얻는다'는 일본인 특유의 대화 비법과도 통하는 부분이 있다.

참고로 나는 오빠 하나와 남동생 둘 사이에 낀 딸이다. 그런데 어릴 때부터 사람들이 "혹시 막내인가요?", "외동딸이에요?"라고 물어본 적이 허다했다. 그때는 막내나 외동에 대한 평가가대체로 낮아서 내가 '그렇게 제멋대로 구는 애로 보이는 건가'하고 기분이 상했다.

"아니에요! 둘째이고, 남동생이 둘이나 있습니다!"

그렇게 말하며 저항했는데, 성인이 된 후 어느 날 이렇게 말하는 사람이 있었다.

"네가 막내나 외동으로 보이는 이유는 8년 동안 막내로 지낸탓이야."

미처 생각지도 못한 말을 듣고 깜짝 놀랐다. 과연 그럴듯했다.큰동생이 내가 여덟 살 때 태어났으니, 동생이 태어나기 전까지나는 8년 동안 막내로 살았다. 오빠의 그늘에 숨어서 어머니에게 보호받으며 아버지의 위엄을 최대한 느끼지 않고 천진난만하게 살았다. 처음으로 아이들끼리 전철이나 버스를 탔을 때, 처음 도서관에 갔을 때, 처음 치과에 갔을 때, 언제나 옆에 오빠가있어서 그 뒤만 따라가면 무서울 게 전혀 없었다. 그 8년 동안 어리광을 부리던 체질이 아무래도 몸에 배어 있는 모양이다.

그 후 물론 무서운 아버지의 폭탄을 몇 번이나 맞기도 하고 동생들을 돌봐야 하는 등 장녀의 임무도 많이 완수한 기분이 드는데, 어딘가에서 '남에게 의지하며 살고 싶다'는 본질적인 성격이 이따금 얼굴을 드러낸다.

막내의 뛰어난 부분(솔직함, 너그러움, 침착함 등)은 받아들이지 못했지만 막내의 약점은 잘 알고 있다. 아무리 나이가 들어도, 상대방이 연하일지라도 '나 좀 도와줘'라고 말하고 싶어지는 기질은 아무래도 죽을 때까지 계속될 것 같다.

46

말은 문화다

화술이란 말을 잘하는 기술이 아니라,

언어를 존중하고 신중하게 고르는 습관을 기르는 것이다.

누가 처음 말했는지 모르지만 작가였던 아버지는 걸핏하면 "모국어를 소중히 여겨라. 말은 문화다"라고 하셨다.

'절대'라는 말을 아이가 사용하면 순식간에 미간을 찌푸리며 화를 내셨다.

"절대라는 것은 이 세상에 절대 없어. 절대 사용하지 말거라."

내가 윗사람과 전화로 이야기하고 있는데 "천만이십니다"라는 말을 하자마자 발소리를 내며 다가와 큰 소리로 꾸짖었다.

"'천만이십니다'라는 말은 없어. '천만에요'라고 해!"

상대방과 전화로 한창 말하고 있는데 난처하게 혼을 내는 일도 주저하지 않았다.

'천만에'라는 단어는 '덧없다', '애닳프나', '애틋하다'와 같다.

‘덧없다’를 정중하게 말할 때 ‘덧없으십니다’라고 하지 않는다. 그와 마찬가지로 ‘천만에’를 정중하게 말하려면 ‘천만의 말씀입니다’라고 해야 한다.

‘개한테 먹이를 드린다’거나 ‘식물에게 물을 드린다’고 존칭 어미를 잘못 사용해도 화내셨다. 개한테는 ‘먹이를 준다’이며 ‘손님에게 차를 드린다’가 맞다고 말이다. 손님에게 ‘이거 먹을 래요?’라고 하면 ‘드시겠어요?’라고 하라며 그 자리에서 혼냈다.

그런 가정환경에서 자랐다면 집 안에서 나누는 대화는 분명히 품위 있었겠거니 생각하겠지만 그건 또 아니었다.

올바른 언어를 사용하라고 신물이 나게 말씀하시던 아버지가 내가 대학생 때 하신 말씀이 있다.

“잘 들어. 남자한테 쉽게 주지 마!”

순간 아버지가 그런 상스러운 말을 하는 것을 보고 나는 깜짝 놀랐다. 내 표정을 보더니 아버지가 덧붙였다.

“우리 집은 딱히 양반이나 귀족 집안도 아니니 그 정도 말은 괜찮다. 아무튼 우리말을 소중히 여기거라.”

때로는 기준이 애매하기는 했지만, 아버지의 한결같은 가르침으로 어쨌든 지금까지 올바른 말을 사용하려고 노력하고 있다.

47

말을 잘 받아주는 사람

말의 절반은 리액션으로 완성된다.

잘 받아주는 것도 말을 잘하는 기술 중 하나다.

평소에 말장난을 좋아하는 사람을 만났을 때 깨달은 것이 하나 있다.

골프를 함께 치다가 좋은 샷을 날렸기에 "나이스!" 하고 손뼉을 쳤더니 매우 기분 좋은 듯이 말했다.

"골프는 환징하게 잘 치고, 나는 사장이고!"

그래서 나는 또 "아재 개그도 환징! 이제 곧 회장!" 이렇게 맞받아치고 말았다. 그걸 기점으로 아무래도 시동이 걸린 모양인지 골프가 끝나고 밥을 함께 먹은 후 집으로 돌아가는 차 안에서도 계속해서 아재 개그가 튀어나왔다.

듣는 나도 대항 의식이 발동해서 좋은 아재 개그가 없나 생각하게 되었는데 좀처럼 센스 있는 말이 나오지 않았다.

"""

"어쩜 그렇게 끊임없이 나와요?"

그러자 계속 과묵하게 있던 한 여성이 말했다.

"아가와 씨가 잘 받아주니까 그러죠."

그러고 보니 그 여성도 그날 하루 동안 함께 있었는데 대체로 반응하지 않았던 기억이 났다.

"나는 이미 오래 알고 지낸 사이라서 전혀 받아주지 않거든요. 가족들도 반응을 안 해주나 봐요. 드디어 자기 말을 잘 받아주는 사람을 찾은 거예요."

내가 매번 웃자 한층 더 웃기려고 의욕 넘치게 계속 말했던 모양이다.

"맞아요. 가족한테는 늘 완벽하게 무시당하거든요."

본인은 조금 쓸쓸한 듯이 중얼거렸다. 하지만 재미있는 이야기와 마찬가지로 말장난도 계속 반복하다 보면 기술이 생긴다.

때로는 가족들도 웃어준다면 기력을 되찾고 기분도 좋아져서 열심히 일하고 집안일도 적극적으로 나서서 도와줄 것이다.

48

말이 기분을 해치지 않도록

사실을 바로잡기보다 기분 좋게 말하도록 돕는 태도가

결국 서로를 편안하게 만든다.

조금 괴팍한 아버지 밑에서 수십 년 동안 시중 들며 살아온 어머니가 80대에 들어서면서 조금씩 건망증이 심해졌다. 나는 어머니보다 일곱 살 더 많은 아버지가 더 빨리 돌아가실 거라고 생각했다.

아비지가 돌아가시고 나면 나는 딸로서 어머니가 마음 편히 즐거운 과부 생활을 누리게 해주고 싶다고 남몰래 계획을 세우곤 했다. 오랫동안 인내를 강요당한 어머니를 해방시키고 맛있는 음식을 먹으러 가거나 해외여행도 실컷 하고 싶었다.

그러나 어머니의 인지증이 먼저 시작되자 나는 충격을 받고 말았다. 자식뿐만 아니라 아버지도 충격받은 모양이었다. 인지증이라고 해도 아직 초기일 것이라고 생각한 우리 가족은 모두 달라붙어 어머니에게 두뇌 훈련을 시키려고 했다. 계산 학습을 숙제로 내주거나, 두뇌 훈련 키트를 구입하거나, 잊어버릴 것 같으면 여러 번 다시 말하라고 했다. 하지만 현재의 의료 수준으로는 인지증을 회복시킬 수 없다는 말을 의사에게 들었다.

어쩔 수 없다고 생각하면서도 왜 아까 한 말을 그렇게 쉽게 잊어버릴까, 왜 기억하지 못하는 걸까 하고 짜증을 내며 무심코 어머니를 혼냈다. 어머니의 정신 상태는 불안정해졌고 싸움이나 말다툼이 반복되었다. 가족들이 왜 갑자기 자신을 심하게 대하는지 이해할 수 없어서 그랬던 것 같다. 한동안 그런 상태가 이어진 후 깨달았다.

'예전의 엄마로 되돌리려고 발버둥쳐도 무리구나. 그러면 지금의 엄마와 즐겁게 웃을 수 있는 나날을 보내야 모두 행복해지지 않을까?' 앞으로 어머니가 얼마나 사실지 모르니 쉽게 잊어버리면서도 기분 좋게 살아가는 어머니를 보고 감사해야겠다는 마음이 들었다.

그렇게 결심하고 나서는 가급적(때로는 짜증을 냈지만) 어머니가 반복하는 이야기나 뜬금없는 말을 해도 있는 그대로 순순히 받아들이기로 했다. 이를테면 이런 식이다. 저녁에 주간보호센터에 모시러 가서 직원과 손을 흔들며 헤어진 뒤 어머니에게 물어봤다.

"오늘은 뭐 했어요?"

"오늘? 계속 집에 있으면서 이것저것 바빴지."

"집에 있었어요? 지금까지 주간보호센터에 있었는데?"

"아니야, 계속 집에 있었어."

나는 굳이 정정하려고 하지 않았다.

"그랬구나. 그럼 집에서 뭘 했어요?"

"집에서? 이것저것."

태연하게 대답하는 어머니의 뇌 속은 어떨지 상상만으로도 흥미로웠다.

또는 내가 밥을 차려주면 어머니는 작은 접시에 담은 오크라 반찬을 먹고 좋아했다.

"어머, 맛있네."

"다행이네요. 그건 무슨 채소일까요?"

나는 일단 테스트해본다.

"응? 모르겠는데."

"그건 오크라예요."

"뭐야, 오크라라면 잘 알지."

그리고 내가 다른 요리를 만들러 주방으로 들어가면 얼마 안 있어 "어머, 맛있네"라는 소리가 들렸다. 이번에는 무엇이 마음에 들었나 싶어서 확인하러 가보면 똑같은 오크라 접시를 손에 들고 있었다.

"그건 무슨 채소였죠?"

"응? 몰라."

이런 말을 몇 번이고 반복한 후 나는 웃으며 말했다.

"엄마는 뭐든지 잊어버리네요?"

그러자 의외로 엄마가 뾰로통한 표정을 지었다.

"기억하는 것도 있어."

"그래요? 그럼 뭘 기억하는데요?"

"뭘 기억하는지 지금 잠깐 잊어버렸어."

어쩜 이렇게도 재치 있게 받아치는 걸까? 아버지에게 그렇게나 모질게 당했는데도 어머니는 괴로운 과거에 연연해하지 않고 치매에 걸리고 나서 더욱더 재치가 넘쳐났다.

종종 이런 일도 있었다.

"아까 여기 있던 갓난아기, 어디 갔니?"

아무래도 환영을 본 듯했다. 우리 집에 갓난아이가 있을 리가 없는데 말이다. 그렇게 부정하면 그걸로 끝날 수도 있다. 하지만 우리 형제는 그렇게 반응하지 않기로 했다. 진실을 전해봤자 금세 잊어버리고 애초에 지금의 어머니에게 진실을 전하는 것이 무슨 의미가 있을까? 그보다 어머니의 감정이 평온하고 늘 들떠 있는 것이 훨씬 더 낫다.

"아, 갓난아기요? 아까 아기 엄마가 데리고 돌아갔으니까 괜찮아요."

"지금 2층에 재우고 있으니까 걱정 마세요."

이런 식으로 이야기를 꾸며내는 것이다.

진실보다 기분 좋게 이야기할 수 있느냐

이런 생활 방식은 나뿐만 아니라 여배우 후지 마리코 씨도 실천하는 듯하다.

마리코 씨의 어머니도 인지증에 걸려서 딸인 마리코 씨가 간병하게 되었다. 어느 날 어머니가 "난 여배우야"라고 했다. 마리코 씨는 '내가 여배우이고 엄마는 여배우가 아니지 않냐'고 부정하지 않았다. 그 대신 이렇게 물었다.

"어머나, 여배우였어요? 요즘 무슨 영화를 찍나요?"

"로맨스 영화."

"와우, 멋지네요. 상대 배우는 누구예요?"

그런 식으로 이야기를 확장해나가다 자연스럽게 밖으로 데리고 나가는 계기를 만들었다.

"여배우라면 깔끔하게 단장해야겠네요. 내일 미용실에 가요."

이런 식으로 말이 안 통하는 상대라도 그 사람의 생각이나 하고 싶은 말에 동조한 후 이야기를 더욱 확장해나가는 요령을 터득할 수 있다.

이런 대화에서는 진실이 뭐든 아무래도 상관없다. 진실을 따지는 것 또한 아무 의미 없다. 중요한 건 인지증에 걸린 사람이 얼마나 기분 좋게 이야기할 수 있느냐이다. 기분 좋게 말하는 화제를 이용해서 이야기를 계속 전개해나가면 '또 잊어버렸어', '사실은 그게 아니잖아요', '아까도 말했는데'라며 짜증 낼 일도 없다. 또한 상대도 편안하게 말할 수 있는 대화의 선순환이 생겨난다.

49

'맞아요'라는 한마디로 가정은 평화롭다

어색한 순간에도 '오늘 뭐 먹을까?' 같은 가벼운 한마디가

마음을 단숨에 풀어준다.

인지증에 걸린 어머니와 대화하는 방식에 대해 이야기를 하자 요로 다케시 씨가 계속 조용히 듣더니 한마디했다.

"우리 집이랑 똑같네요."

혹시 그도 어머니를 간병했었나 싶었는데 그게 아니었다.

"저는 아내가 무슨 말을 하든 말대꾸하지 않고 '그렇습니까'라고 동조합니다."

때때로 부인의 말이 틀렸다고 생각해도 결코 부정하지 않는다는 것이다.

"거스르면 안 됩니다. 내가 생각하는 것과 다르더라도 '맞아요'라고 해야 가정이 평화로워요."

나는 뜻밖의 반응에 웃음을 터뜨리고 말았다. 남편이 그렇게

애썼나 생각해보니 문득 나 자신을 돌아보지 않을 수 없었다. 확실히 아내라는 동물은 남편이 부정하면 화부터 내는 경우가 많다.

"당신은 왜 맨날 그런 식으로 내 말에 반론하는 거예요?"

나도 그런 경향이 있다는 것을 부정할 수 없다.

"맨날 그러지는 않아."

"이것 봐, 또 부정했잖아요."

"맨날 그러는 건 아니잖아."

"대체로 맨날 그렇죠. 맨날 그런다니까."

"그래서 저녁은 뭐 먹을 거야?"

"이것 보라니까, 내 말은 전혀 안 듣고!"

하지만 분란도 대화의 스트레칭과 같은 거라고 생각하면 별일 아니다. 아무리 허물없는 관계라고 하더라도 완벽하게 의견이 일치할 리 없다. 요로 다케시 씨의 말을 빌리면 '남이 나를 이해하지 못하는 것이 당연하다고 생각하면 된다'.

여러분도(나도 포함해서) 대참사가 일어나기 전에 웃을 수 있는 점을 찾아내서 어떤 상황에서든, 어떤 사람과 대화를 나누든 편안하게 이야기를 나눌 수 있기를 바란다.

"근데 오늘 뭐 먹을까?"

이 한마디는 아무리 어색한 대화를 하더라도 단숨에 분위기를 바꿔서 마음이 편안해지고 미간의 주름이 순식간에 사라지는 마법의 질문이라고 생각한다.

결국 대화는 이기고 지는 문제가 아니라 서로 편안하게 이야기를 나누는 방향을 찾는 일이다. 조금 맞장구쳐주고, 조금 웃어넘기면 관계는 생각보다 쉽게 부드러워지고 대화는 더욱 즐거워진다.

편안하게 마음을 여는
말의 시작

1판 1쇄 인쇄 2026년 4월 5일
1판 1쇄 발행 2026년 4월 10일

지은이 아가와 사와코
옮긴이 박재영

펴낸이 정서윤
편 집 추지영
디자인 정태성
마케팅 신용천
물 류 책글터
펴낸곳 밀리언서재
등 록 제2020-000064호
주 소 서울시 마포구 동교로 75
전 화 02-332-3130
팩 스 0504-313-6757

전자우편 million0313@naver.com
블로그 https://blog.naver.com/millionbook03
인스타그램 https://www.instagram.com/millionpublisher_/

ISBN 979-11-993153-7-2 03190
정가 18,800원

※ 이 책은 저작권법에 의하여 보호를 받는 저작물이므로 무단 전재와 복제를 금합니다.
※ 잘못된 책은 구입처에서 바꿔드립니다.